Die Reli-Reise 3|4
Materialband

Autorenteam:
Sabine Grünschläger-Brenneke
Micaela Röse

Unter Mitarbeit von:
Christian Gauer †
Simone Graser
Hans-Jürgen Röhrig

Ernst Klett Verlag GmbH
Stuttgart · Leipzig · Dortmund

Inhalt

Übersicht der Kopiervorlagen

Alle Kopiervorlagen sind als editierbare Word-Dateien im Digitalen Unterrichtsassistenten zu dem Schülerbuch *Die Reli-Reise 3/4* (978-3-12-006126-7) enthalten. Alle Kopiervorlagen, die in der Tabelle mit dem Symbol 🌐 gekennzeichnet sind, befinden sich nur dort.

KV-Nr.	**Titel der KV**	**SB-Seite**
KV 1	Wetterkarte	
KV 2	Kooperatives Lernen: Methodenkarten	
KV 3	Kooperatives Lernen: Rollenkarten	
KV 4	Methodenkarten: Arbeiten mit Geschichten	
KV 5	Methodenkarten: Arbeiten mit biblischen Texten	
KV 6	Methodenkarten: Arbeiten mit Bildern	28/29
KV 7	Methodenkarten: Arbeiten mit Klängen und Liedern	8, 54/55, 74/75, 114/115
KV 8	Methodenkarten: Aktionen für oder mit andere(n) planen	20/21
KV 9	Methodenkarten: Feedback- und Reflexionskarten	22, 36, 50, 112, 124
KV 10	Selbstreflexionsbogen zum Thema ...	
KV 11	Selbstreflexionsbogen – Mein Lernbericht	
KV 12	Reflexionsbogen Gruppenarbeit	104
KV 13	Blanko-Beobachtungsbogen	68
KV 14	Bausteine zur Gestaltung eigener Beobachtungsbögen	
KV 15	Reli-Reise-Koffer	6/7, 136/137
KV 16	Symbolkarten	6/7
KV 17	Mein Wunschzettel für die Reli-Reise	6/7
KV 18	Gedankenreise zum Schuljahresbeginn	6/7
KV 19	Komm mit – unsere Reise geht weiter!	8
KV 20	Kofferanhänger	9, 23, 37, 51, 69, 91, 105, 113, 125
🌐 KV 21	Übungsanleitungen	9
KV 22	Was tun bei Streit?	10/11
KV 23	Lupe	10/11
KV 24	Miteinander	10/11
KV 25	Wenn jeder macht, was er will ...	12/13
🌐 KV 26	Erzählvorschlag: Die Zehn Gebote (2. Mose 20,2–17)	12/13
KV 27	Die Zehn Gebote – Bild- und Textkarten	12/13
🌐 KV 28	Steinmeditation	12/13
🌐 KV 29	Rahmengeschichte: Alle sind gleich wichtig (1. Kor 12,12–31)	14/15
🌐 KV 30	Flussüberquerung	14/15
KV 31	Friedenslied	14/15, 22
KV 32	Friedensbaum	14/15, 22
🌐 KV 33	Erzählvorschlag: Seligpreisungen (Mt 5,1–12)	16/17
KV 34	Briefvorlage	16/17
KV 35	Rondell: Glück	16/17

KV 36	Faltanleitung Mini-Book	20/21, 46/47, 74/75
KV 37	Satzstreifen	18/19
KV 38	Informationen zum Leben Martin Luther Kings	20/21
KV 39	Meine Geschichte von Martin Luther King	20/21
KV 40	I have a dream – Ich habe einen Traum	20/21
KV 41	Meine Gedanken zu Kapitel 1: Zusammen leben	22
KV 42	Geschenkschachtel	24/25, 48/49
KV 43	Karlsson vom Dach	24/25
KV 44	Kamera	28/29, 32/33
KV 45	Bewegungsgeschichte zur Schöpfung	28/29
KV 46	In Gottes Händen	28/29
KV 47	Schöpfung	28/29
KV 48	Erzählvorschlag: Schöpfung (1. Mose 2,4b–25)	30/31
KV 49	Was der Atem alles kann	30/31
KV 50	Klappenbuch	30/31
KV 51	Was ich bewahrt oder gerettet haben möchte	32/33
KV 52	Streichholzschachtel-Geschichte „Noah“	32/33
KV 53	Verantwortung für die Schöpfung?	32/33
KV 54	Der Regenbogen	34/35
KV 55	Fürbitten und Segen	34/35
KV 56	Meine Gedanken zu Kapitel 2: Schöpfung bewahren	36
KV 57	Bildergeschichte: Du kennst mich (nach Psalm 139)	37
KV 58	Gefühlskarten	38/39
KV 59	Gefühle pantomimisch darstellen	38/39
KV 60	Gefühle-Geschichte	38/39
KV 61	Yoga-Übungen	38/39
KV 62	Psalmworte, die trösten	40/41
KV 63	... immer in Gottes Hand	42/43
KV 64	Mein Buch zum Thema „Abschied“	44/45
KV 65	Elternbrief	44/45
KV 66	Wenn man traurig ist, dann ...	44/45
KV 67	Hoffnungswünsche	46/47
KV 68	Erinnerungsmandala	46/47
KV 69	Segensblumen	48/49, 100/101, 108/109
KV 70	Meine Gedanken zu Kapitel 3: Leben in Gottes Hand	50
KV 71	Wenn Gott eine Farbe wäre	52/53
KV 72	In Bildern von Gott sprechen	52/53
KV 73	Labyrinth	54/55
KV 74	Im Labyrinth meditieren	54/55
KV 75	Denk- und Sprechblasen	56/57, 58/59
KV 76	Mose erzählt	58/59
KV 77	Mirjams Lied	60/61
KV 78	Vorher – Nachher	60/61
KV 79	Der Kleine vor dem Großen	62/63
KV 80	Erzählvorschlag: David wird zum König gesalbt (1. Samuel 16)	62/63
KV 81	Figuren zur Geschichte von David	62/63
KV 82	Salbung	62/63
KV 83	Davids Versprechen	62/63

Wetterkarte

Autoren: Sabine Grünschläger-Brenneke, Micaela Röse
Illustrationen: Liliane Oser, Hamburg

Kooperatives Lernen: Methodenkarten

Verabredungskalender

Partner Check

Kugellager

Think-Pair-Share

Autor: Hans-Jürgen Röhrig
Illustrationen: Liliane Oser, Hamburg

Kooperatives Lernen: Methodenkarten

Graffiti

Placemat

Lerntempopartner/-innen

Fischgräte

Autor: Hans-Jürgen Röhrig
Illustrationen: Liliane Oser, Hamburg

Kooperatives Lernen: Rollenkarten

Gesprächsleiter/-in

Nachfrager/-in

Material-Manager/-in

Lobender/Lobende

Autor: Hans-Jürgen Röhrig
Illustrationen: Liliane Oser, Hamburg

Kooperatives Lernen: Rollenkarten

Papagei

Schreiber/-in

Redezeit-Wächter/-in

Illustrator/-in

Autor: Hans-Jürgen Röhrig
Illustrationen: Liliane Oser, Hamburg

Name: Klasse: Datum:

Kooperatives Lernen: Rollenkarten

Spion/-in

Lautstärke-Manager/-in

Berichterstatter/-in

Vorleser/-in

Autor: Hans-Jürgen Röhrig
Illustrationen: Liliane Oser, Hamburg

Methodenkarten: Arbeiten mit Geschichten

Geschichten mit methodischer Unterstützung erzählen/nacherzählen (1)

Bodenbild

Suche dir passendes Material aus: Tücher, Bänder, Steine, Naturgegenstände …

Lege damit in der Kreismitte beim Erzählen ein Bodenbild.

Kegel-/Erzählfiguren/ Stabpuppen

Nimm Kegel-/Erzählfiguren oder fertige dir Stabpuppen an.

Erzähle die Geschichte und lasse die Figuren dabei sprechen.

Mitmachgeschichte

Überlege dir zu einigen Wörtern aus der Geschichte Bewegungen.

Erzähle die Geschichte und mache mit den anderen Kindern Bewegungen dazu.

Standbild

Suche dir aus der Geschichte eine Szene.

Stelle sie als Standbild dar. Ein anderes Kind kann für dich sprechen.

Autoren: Sabine Grünschläger-Brenneke, Micaela Röse

Methodenkarten: Arbeiten mit Geschichten

Geschichten mit methodischer Unterstützung erzählen/nacherzählen (2)

Erzählspinne

Setze dich mit anderen Kindern in einen Kreis. Nimm ein Wollknäuel und erzähle den Beginn der Geschichte.

Halte den Faden fest. Gib das Knäuel dem Kind, das dir gegenübersitzt. Dieses Kind erzählt die Geschichte weiter.
So entsteht ein Netz.

Schattenbilder

Reiße aus Zeitungspapier Figuren.

Lege sie beim Erzählen auf den Overhead-Projektor.
So entstehen Schattenbilder.

Tipp: Auch Gegenstände können Schatten werfen.

Schriftliches Arbeiten mit Geschichten (1)

Überschriften

Teile die Geschichte in Abschnitte ein.

Gib ihnen eine Überschrift.
Schreibe diese auf Karten.

Erzähle die Geschichte und lege dabei die Karten für alle sichtbar hin oder hefte sie an die Tafel.

Brief

Denke dich in eine Person der Geschichte hinein.

Schreibe aus dieser Sicht einen kleinen Text oder Brief an jemanden.

Autoren: Sabine Grünschläger-Brenneke, Micaela Röse

Methodenkarten: Arbeiten mit Geschichten

Schriftliches Arbeiten mit Geschichten (2)

Zeitungsartikel

Stelle dir vor, du bist ein Reporter oder eine Reporterin.

Schreibe einen Bericht, der die biblische Geschichte in Kurzform erzählt.

Drehbuch

Mache aus der Geschichte ein Drehbuch für ein Theaterstück.

Formuliere dazu Sprechtexte und überlege dir Bühnenbilder.

Fortsetzungsgeschichte

Bilde mit anderen Kindern eine Gruppe von mindestens vier Personen.

Nimm einen großen Bogen Papier. Erinnere dich an die Geschichte.

Beginne mit einem Satz. Dann schreibt die/der Nächste einen Satz. Dann …

Elfchen

Suche einige wichtige Wörter aus der Geschichte.

Schreibe mit ihnen ein Elfchen:
1. Zeile: ein Wort
2. Zeile: zwei Wörter
3. Zeile: drei Wörter
4. Zeile: vier Wörter
5. Zeile: ein Wort

Autoren: Sabine Grünschläger-Brenneke, Micaela Röse

Methodenkarten: Arbeiten mit Geschichten

Gestalterische Auseinandersetzung mit Geschichten (1)

Comic

Teile die Geschichte in Abschnitte ein.

Male dazu einen Comic (zu jedem Abschnitt ein Bild).

Du kannst auch Sprech- und Denkblasen einfügen.

Erzähllandschaft

Male auf einen Pappuntergrund eine kleine Erzähllandschaft zur Geschichte.

Gestalte sie mit Naturgegenständen und/oder Knete.

Farben für Gefühle

Überlege, welche Gefühle in der Geschichte vorkamen.

Ordne ihnen Farben zu. Male mit diesen Farben ein Bild.

Du kannst auch Pastellkreiden oder Zuckerkreide benutzen.

Szenenlandschaft

Male mit anderen gemeinsam auf einer Tapetenrolle Szenen zur Geschichte.

Stelle dich an die Stelle, an der du gern mitgespielt hättest.

Autoren: Sabine Grünschläger-Brenneke, Micaela Röse

Methodenkarten: Arbeiten mit Geschichten

Gestalterische Auseinandersetzung mit Geschichten (2)

Geschichten aus der Rolle

Male die Geschichte auf einen Papierstreifen, der in eine Rolle passt (z. B. Filmdose, Toilettenpapierrolle).

Schneide die Rolle ein. Nun kannst du den Streifen herausziehen und die Geschichte dazu erzählen.

Wollbild

Gestalte eine Szene der Geschichte mit Wolle auf einem Filzuntergrund.

Autoren: Sabine Grünschläger-Brenneke, Micaela Röse

Methodenkarten: Arbeiten mit biblischen Texten

Text in Farben

Male für die Geschichte einen Weg auf ein Blatt Papier. Unterteile ihn in Felder.

Lies dir den biblischen Text durch und teile ihn in Abschnitte ein.

Suche für jeden Abschnitt eine passende Farbe und male damit ein Wegfeld aus.

Zum Schluss kannst du mit den Wegfarben ein Bild zu der ganzen Geschichte gestalten.

Ich bin …

Höre der Geschichte aufmerksam zu. Zeichne für jede Person, die in dem Text vorkommt, ein Strichmännchen in einer anderen Haltung.

Suche dir ein Strichmännchen aus und erzähle die Geschichte aus deiner Sicht.
Beginne mit „Ich bin …“.

? ! >

Erstelle dir drei Karten mit den Symbolen **? ! >**.

Wenn du den biblischen Text gehört hast, schreibe dir zu jedem Symbol einen Satz auf.

Das bedeuten die Symbole:
? Das habe ich nicht verstanden.
! Das finde ich wichtig.
> Hierzu habe ich folgende Meinung: …

Was ist das?

Sucht euch zur Geschichte passende bunte Tücher.
Legt damit eine Szene nach.

Lasst die anderen erraten, was ihr gelegt habt.
Ist es richtig, darf die Schülerin oder der Schüler die Szene erzählen.

Autoren: Sabine Grünschläger-Brenneke, Micaela Röse

Methodenkarten: Arbeiten mit biblischen Texten

Was erzähle ich?

Male ein Zeichen oder ein Stichwort auf eine Karte, das zu einer Geschichte passt. Befestige die Karte mit einer Wäscheklammer an der Kordel, die im Klassenraum gespannt ist.

Deine Mitschülerinnen und Mitschüler raten, um welche Geschichten es sich handelt.

Mit den Karten könnt ihr euch immer wieder an die Geschichten erinnern.

Löschen

Lies den Text aufmerksam durch. Suche Wörter heraus, die du wichtig findest. Lösche den anderen Text, indem du ihn mit einem dicken Stift durchstreichst.

Tauscht euch über eure Ergebnisse aus.

Oder:
Du kannst mit den stehen gebliebenen Wörtern deinen eigenen Text schreiben.

Wer bin ich?

Male auf eine Pappkarte eine Figur aus der Geschichte.
Erzähle von der Person.

Spielt ein Ratespiel:
Ein Kind erhält ein Stirnband. Ein anderes Kind steckt ihm eine Personen-Pappkarte hinter das Stirnband. Das Kind mit dem Stirnband rät, welche Person auf der Karte zu sehen ist. Es darf die Karte deshalb vorher nicht sehen.
Tipps sind erlaubt.

5 wichtige Worte

Höre gut zu, wenn dir die Geschichte erzählt wird. Notiere aus dem Gedächtnis fünf Worter auf einem Zettel.

Tausche deinen Zettel mit einer Mitschülerin oder einem Mitschüler. Denkt euch mit den erhaltenen Worten eine neue Geschichte aus. Erzählt sie einander.

Vergleicht eure Geschichten mit der Geschichte, die ihr vorher gehört habt.

Autoren: Sabine Grünschläger-Brenneke, Micaela Röse

Methodenkarten: Arbeiten mit biblischen Texten

Meine Übersetzung

Du hast eine biblische Geschichte gehört.
Schreibe nun eine Übersetzung mit deinen eigenen Worten.

Überlege dir einen Ort, an dem du sie vorlesen möchtest.

Ich meine dazu …
Stummes Gespräch in mehreren Gruppen

Schreibe deine Meinung zu einer Stelle im Text auf ein großes Blatt Papier.

Deine Mitschülerinnen und Mitschüler schreiben dann nacheinander ihre Meinung dazu, ohne zu sprechen.

Tonen oder kneten

Du siehst vor dir eine gelegte Spirale.

Höre dem biblischen Text aufmerksam zu. Forme dann aus Ton oder Knete ein Element deiner Wahl aus der Geschichte.

Lege es beim zweiten Zuhören in die Spirale.

Für den Vorlesenden:
Der jeweils angefangene Satz wird wiederholt.

Autoren: Sabine Grünschläger-Brenneke, Micaela Röse

Methodenkarten: Arbeiten mit Bildern

Bildbetrachtung

Wenn du dich mit einem Bild beschäftigen möchtest, dann können dir folgende Satzanfänge helfen:
Ich sehe …
Ich fühle …
Ich frage …

3-D-Bild

Fertige aus einem Schuhkarton einen Guckkasten. Gestalte in deinem Kasten das gesehene Bild aus der Erinnerung.

Du kannst dazu angemalte Pappfiguren, Knete, Draht, Naturmaterialien usw. benutzen.

Text zu einem Bild

Beschreibe in einem kleinen Text, was du auf dem Bild entdeckst.

Denke auch an deine Gedanken und Gefühle zu dem Bild.

Sprech- und Denkblasen

Zeichne die Umrisse des Bildes mit groben Linien ab.

Male Sprech- und Denkblasen.

Beschrifte sie, schneide sie aus und klebe sie in das Bild.

Autoren: Sabine Grünschläger-Brenneke, Micaela Röse

Methodenkarten: Arbeiten mit Bildern

Fotografie

Suche dir mit einem Papprahmen eine Szene aus dem Bild.

Stelle dir vor, du fotografierst sie.

Stelle deine Fotografie allein oder mit anderen nach.

Lieblingsplatz

Überlege dir, an welcher Stelle im Bild du gern sein würdest.

Lege dort einen Gegenstand hin.

Schreibe eine kurze Begründung.

Autoren: Sabine Grünschläger-Brenneke, Micaela Röse

Methodenkarten: Arbeiten mit Klängen und Liedern

Geschichten mit Klängen gestalten (1)

Körperklänge

Suche die wichtigsten Sätze
aus der Geschichte.
Schreibe sie untereinander
auf ein Blatt.
Sprich sie mit anderen Kindern
laut und rhythmisch im Takt.
Finde Klänge, die du mit deinem
Körper dazu machen kannst.

Wortklang

Suche dir einige Namen
oder Wörter in der Geschichte.

Ersetze sie beim Vorlesen
oder Erzählen immer durch die
gleichen Klänge oder Geräusche.

Komposition

Zeige ein Bild, das du gemalt
hast, oder nimm ein Gemälde.

Komponiere Musik oder eine
Melodie dazu.

Hörspiel

Gestalte die Geschichte als
Hörspiel. Entwirf einen Ablauf.

Experimentiere mit Klängen
und Stimmen. Nimm das
Ergebnis auf.

Autoren: Sabine Grünschläger-Brenneke, Micaela Röse

Methodenkarten: Arbeiten mit Klängen und Liedern

Geschichten mit Klängen gestalten (2)

Klanggeschichte

Versuche, die Geschichte nur mit Klängen zu erzählen. Am Anfang solltest du die Geschichte zusammen mit den Klängen erzählen. Wenn du genug geübt hast, lasse die Erzählung weg.

Wer kann die Geschichte wiedererkennen?

Klanginstrumente

Überlege dir, wie du aus Abfallmaterialien einfache Klanginstrumente herstellen kannst.

Zum Beispiel:
Rasseln aus Kronkorken oder aus sandgefüllten Plastikdöschen

Mit Liedern arbeiten (1)

Bewegungen zum Lied

Wähle ein Lied, das zur Geschichte passt.

Überlege dir Bewegungen zum Lied.

Neue Strophen zum Lied

Wähle ein Lied, das zur Geschichte passt.

Überlege dir neue Strophen zum Lied.

Autoren: Sabine Grünschläger-Brenneke, Micaela Röse

Methodenkarten: Arbeiten mit Klängen und Liedern

Mit Liedern arbeiten (2)

Geschichte und Lied

Suche ein Lied, das du kennst und das zur Geschichte passt.

Singt Strophen des Liedes und lest einen passenden Abschnitt der Geschichte.

Tanz zum Lied

Wähle ein Lied, das zur Geschichte passt. Überlege dir einen Tanz zum Lied.

Bilder zum Lied

Suche dir ein Lied aus.

Male dazu eine Bildergeschichte.

Rap

Suche aus der Geschichte wichtige Wörter und dichte daraus einen Rap.

Autoren: Sabine Grünschläger-Brenneke, Micaela Röse

Methodenkarten: Aktionen für oder mit andere(n) planen

Starten einer Aktion

Hat dich die Geschichte auf ein Problem aufmerksam gemacht?

Was kannst du unternehmen, um andere für eine Aktion zu gewinnen?

Tausche dich in einer Gruppe aus.

Museumsgang

Ihr habt eure Gruppenergebnisse auf Lernplakaten festgehalten. Hängt diese gut sichtbar verteilt im Raum auf.

Bildet neue Gruppen mit jeweils einem Mitglied aus den alten Gruppen.
Wandert nun umher und präsentiert eure Ergebnisse.

Gestalten einer Feier/ eines Gottesdienstes

Schaue dir die Lieder und Texte aus der letzten Unterrichtseinheit an.
Überlege, wie du sie in einer Feier einsetzen kannst.

Was benötigst du noch?
Erzähle deine Gedanken.
Besprecht die Aufgaben.

Ausstellung

Ihr habt bei der Erarbeitung dieses Kapitels viele schöne Ergebnisse gesammelt.

Gestaltet mit diesen Sachen eine Ausstellung.

Ladet euch Gäste ein.

Autoren: Sabine Grünschläger-Brenneke, Micaela Röse

Methodenkarten: Feedback- und Reflexionskarten

Blitzlicht

Die Schülerinnen und Schüler geben spontan eine Stellungnahme (zum Gedankenexperiment, zur Abschlussfrage, zur Arbeitsform, …) ab. Sie dürfen die Äußerungen der anderen aber nicht kommentieren.

Die Stellungnahme sollte möglichst nur aus einem Satz bestehen. Eine Besprechung mit der gesamten Gruppe kann sich anschließen. Die Reihenfolge der Wortmeldungen kann beliebig sein. Eine andere Möglichkeit ist, der Reihe nach vorzugehen. Dabei kann ein Sprechstein weitergegeben werden.

Feedback über Farben

Die Schülerinnen und Schüler geben eine Stellungnahme (zum Gedankenexperiment, zur Abschlussfrage, zur Unterrichtseinheit, zur Zusammenarbeit in der Gruppe, …) ab. Sie dürfen die Äußerungen der anderen aber nicht kommentieren.

Für ihre Stellungnahme wählen sie ein farbiges Tuch aus der Tücherkiste. Die Stellungnahme erfolgt über die Begründung der Farbauswahl und sollte möglichst nur aus wenigen Sätzen bestehen.

Bilderbüfett

Die Schülerinnen und Schüler sitzen im Stuhlkreis. In der Mitte sind viele Bilder (Kunstpostkarten, Fotos, …) ausgelegt. Die Schülerinnen und Schüler stehen auf und gehen langsam und schweigend um alle Bilder herum. Dabei erhalten die Schülerinnen und Schüler z. B. folgenden Auftrag:

„Ihr geht langsam und ohne zu sprechen herum. Wählt ein Bild aus, mit dessen Hilfe ihr etwas über euch und eure Beziehung zum Thema (eure Stimmung, was euch wichtig wurde, …) aussagen wollt."

Wetterkarte

Die Schülerinnen und Schüler geben mittels einer Wetterkarte eine Rückmeldung, die sich auf ihre Stimmung, ihre Erwartungen, Hoffnungen, … bezieht.

Dazu bekommen sie je einen Papierbogen mit Symbolen (Wind, Sturm, Regen, Sonne, Blitz, Gewitter, Nebel, Frost, …), wie man sie aus Wetterkarten kennt. Sie schneiden die Bilder aus, mit deren Aussage sie ihre Rückmeldung geben wollen, und gestalten damit ihre individuelle Wetterkarte, die später erklärt werden kann. (KV 1)

Autorin: Simone Graser
Illustrationen: Liliane Oser, Hamburg, Hendrik Kranenberg, Drolshagen

Methodenkarten: Feedback- und Reflexionskarten

Na, wie war es?

Die Schülerinnen und Schüler gehen im Klassenzimmer herum und bilden Paare. Sie simulieren die Situation des Zu-Hause-Ankommens oder eines Zusammentreffens.

Die zu Hause gebliebene bzw. getroffene Person fragt: „Na, wie war's heute in Religion?" Die angekommene Person gibt eine möglichst kurze und begründete Antwort. Danach erfolgt ein Rollenwechsel.

Kind mit Koffer

Die Schülerinnen und Schüler packen Wichtiges durch Malen oder Schreiben in ihren Koffer, z. B.:

- etwas, was sie gelernt haben
- etwas, was sie fasziniert oder überrascht hat
- etwas, was man sich merken oder mitnehmen will, um es weiterzuerzählen

Feedback in drei Worten

Die Schülerinnen und Schüler schreiben drei Worte zum Thema (zur Zusammenarbeit, …) auf.

Erst, wenn alle ihre drei Worte geschrieben haben, wird reihum vorgelesen. Es wird nichts kommentiert oder näher erläutert. Die Worte stehen für sich.

Feder, Stein und Herz

Die Schülerinnen und Schüler sitzen im Sitzkreis. Die Lehrkraft gibt ein Körbchen mit einer Feder, einem Stein und einem Herz herum. Die Schülerinnen und Schüler wählen einen der Gegenstände und erzählen zum Thema (zum Prozess, …).

Der Stein steht für etwas, was schwergefallen ist oder ein Stolperstein war. Die Feder steht für etwas, was leichtgefallen bzw. gut gelaufen ist. Das Herz steht für etwas, was die Kinder besonders berührt hat, bzw. für etwas, was man sich merken, im Herzen bewahren will.

Autorin: Simone Graser
Illustrationen: Liliane Oser, Hamburg, Hendrik Kranenberg, Drolshagen

Methodenkarten: Feedback- und Reflexionskarten

Mini-Book

Mini-Books können individuell gestaltet werden. Auf den verschiedenen Seiten können die Schülerinnen und Schüler zu verschiedenen Reflexionsaufgaben malen und/oder schreiben (Anleitung für ein Mini-Book KV 31).

Feedback-Ampel

Die Schülerinnen und Schüler haben jeweils eine grüne, eine gelbe und eine rote Karte. Verschiedene Dinge (Arbeitsatmosphäre, Schwierigkeitsgrad einer Aufgabe, …) können abgefragt und die Anzahl der jeweils hochgehaltenen Karten notiert werden.

Die Farbbedeutung sollte natürlich vorher bekannt sein. Rot könnte für „schwierig" oder „dem stimme ich nicht zu" stehen, Gelb für „ich kann mich nicht entscheiden", Grün für „dem stimme ich zu".

Biegefiguren

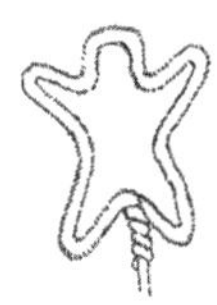

Die Schülerinnen und Schüler nehmen sich Plüschbiegedraht und bringen diesen in Form.
Sie überlegen, was sie am Thema, an der Geschichte etc. überrascht hat, was sie bewegt hat und was ihnen wichtig geworden ist.

Sie bringen dies mithilfe ihrer Biegefigur symbolhaft zum Ausdruck.

Ernte

Wurden vor einem Projekt, einer Unterrichtssequenz, einem Lerngang, … bestimmte Erwartungen geäußert (beschriftete Kärtchen dazu an ein Baumplakat pinnen), kann man sie am Ende des Projektes ernten (vom Baum nehmen und in einen Korb legen), wenn die Erwartungen erfüllt wurden.

Autorin: Simone Graser
Illustrationen: Liliane Oser, Hamburg, Hendrik Kranenberg, Drolshagen

Name: Klasse: Datum: KV 10

Selbstreflexionsbogen

Thema: ______________________________

____

So habe ich gearbeitet:

Ich fand das Thema eher einfach / eher schwierig:

So habe ich mich angestrengt:

So habe ich mitgearbeitet:

So fühle ich mich jetzt:

Dazu habe ich noch eine Frage:

____

____

Das will ich mir merken:

____

____

____

Autorin: Simone Graser
Illustrationen: Liliane Oser, Hamburg

Selbstreflexionsbogen – Mein Lernbericht

Name: ____________________ Klasse: ______

Das kann ich schon: ____________________

____

____

____

Das fällt mir noch schwer: ____________________

____

____

____

Das möchte ich noch lernen: ____________________

____

____

____

____

____

Tipps

für: ____________________

Tipps: ____________________

____

____

____

____

____

____

____

____

____

____

____

____

Dein/e: ____________________

Autorin: Simone Graser
Illustrationen: Liliane Oser, Hamburg

Reflexionsbogen Gruppenarbeit

Thema: ____

____

	ja	weiß ich nicht	nein
Ich habe deutlich gesagt, was ich möchte.			
Ich habe anderen gut zugehört.			
Ich habe meine Aufgaben sorgfältig erledigt.			
Ich habe mir die Zeit gut eingeteilt.			
Ich habe anderen geholfen.			
Ich bin mit dem Ergebnis zufrieden.			
Ich habe etwas Neues gelernt.			
Wir haben die Aufgaben genau besprochen.			
Wir haben die Aufgaben gerecht verteilt.			
Wir haben fleißig gearbeitet.			
Wir haben Probleme selbst geklärt.			
Wir sind fair miteinander umgegangen.			
Wir haben ein gemeinsames Gruppenergebnis. Alle wissen Bescheid.			

Wie sehen das die anderen? Besprecht eure Ergebnisse und überlegt, was ihr bei den nächsten Gruppenarbeiten noch besser machen könnt.
Setzt euch ein Ziel.

Autorin: Simone Graser
Illustrationen: Liliane Oser, Hamburg

Blanko-Beobachtungsbogen

Thema:____

____

Bereiche/Kriterien	- -	-	0	+	+ +	Notizen
Inhaltlich-fachlicher Bereich						
Methodisch-strategischer Bereich						
Sozial-kommunikativer Bereich						
Personenbezogener Bereich						

Autorin: Simone Graser

Bausteine zur Gestaltung eigener Beobachtungsbögen

Gesprächsverhalten
- spricht laut, deutlich und gut verständlich
- hält Blickkontakt, kommuniziert gestisch und mimisch (Körpersprache)
- beteiligt sich mit sinnvollen Beiträgen
- drückt sich mithilfe von Medien/Material angemessen aus
- trägt Inhalte frei und selbstbewusst vor
- spricht (malt/gestaltet/gestikuliert ...) zum Thema
- kann Haupt- von Nebenaspekten unterscheiden
- hält sich an Gesprächsregeln
- hört aufmerksam und interessiert zu
- lässt andere ausreden/unterbricht nicht
- geht auf die Beiträge/Meinungen anderer ein
- fragt nach/teilt sich mit, wenn er etwas genauer wissen will/nicht verstanden hat
- formuliert Anliegen situationsangemessen und höflich
- ...

Theologisieren
- äußert sich mimisch, gestisch, mit Worten
- drückt sich in seinen Beiträgen mit Worten verständlich aus
- entwickelt kreative Ideen
- liefert Begründungen, nennt Argumente
- erkennt Zusammenhänge
- hält sich an Gesprächsregeln
- kann die eigenen Beiträge in Beziehung zu den anderen setzen
- entwickelt Fragen zum Thema
- sucht/ringt nach eigenen Antworten
- ...

Schülerpräsentation
- nimmt an einer Präsentation mit teil
- präsentiert (nonverbal) das Material
- beschafft sich selbstständig Material
- kann Material/Medien auswerten
- setzt Medien/Material sinnvoll ein
- entwickelt kreative Ideen
- präsentiert das Thema/den Inhalt sachlich richtig und übersichtlich
- gliedert die Präsentation in sinnvolle Phasen
- hält sich an die Zeitplanung
- spricht frei
- spricht laut und deutlich
- hält Blickkontakt aufrecht
- ...

Kooperation
- akzeptiert die Gruppe
- nimmt seine (zugeteilte) Rolle in der Gruppe wahr
- bemüht sich um eine gleichberechtigte sowie arbeitsteilige Zusammenarbeit in der Gruppe
- geht auf die Vorschläge anderer ein, kann sich mit deren Argumenten auseinandersetzen
- macht die eigene Meinung (z. B. in sprachlich geeigneter Form oder über Gesten, ...) deutlich
- nimmt bei Anliegen Kontakt zu Gruppenmitgliedern und/oder der Lehrkraft auf
- nimmt eigene Bedürfnisse bei Bedarf zurück
- zeigt Führungsinitiative
- arbeitet ergebnisorientiert und zielgerichtet
- vermeidet Konflikte
- geht konstruktiv mit Konflikten um
- hält sich an Absprachen
- übernimmt Verantwortung
- ...

Singen/Musizieren
- reagiert mimisch, gestisch
- summt ein Lied mit
- setzt Körperinstrumente/Bewegungen ein
- singt laut und deutlich mit
- ...

Szenisches Gestalten (wie z. B. Standbild, Rollenspiel)
- nimmt eine Rolle an
- setzt Rollen kreativ um
- setzt passende Materialien/Requisiten ein
- spricht laut und deutlich
- spricht frei
- setzt körpersprachliche Mittel sinnvoll ein
- kann Aussagen eines Textes, einer Geschichte szenisch gestalten
- hält Blickkontakt
- ...

Autorin: Simone Graser

Reli-Reise-Koffer

1. Schneide den Koffer aus und klebe ihn auf deine Mappe.
2. Schreibe deinen Namen und deine Klasse auf die Linien.
   In deine Mappe kannst du alles hineinheften, was dir
   auf der Reise durch den Religionsunterricht wichtig wird.

Autoren: Sabine Grünschläger-Brenneke, Micaela Röse
Illustrationen: Liliane Oser, Hamburg

Symbolkarten

	**Ein Gespräch führen**		**Eine Aufgabe bearbeiten**
	Schaut einander an.		Lest die Arbeitsanweisung gut durch.
	Jede und jeder darf seine Meinung sagen.		Besprecht sie gemeinsam.
	Hört alle aufmerksam zu. Nachfragen ist erlaubt.		Klärt Fragen. Beachtet die Arbeitszeit.
	Jede und jeder wird ernst genommen. Niemand wird ausgelacht.	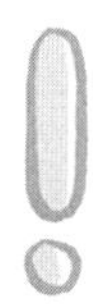	Entwickelt gemeinsam Ideen. Verteilt Aufgaben.
	Alle versuchen, auf die Beiträge der anderen einzugehen.		Haltet wichtige Ergebnisse fest. Überlegt, wie ihr sie präsentiert.

 Partnerarbeit	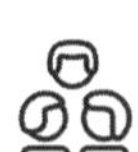 Gruppenarbeit	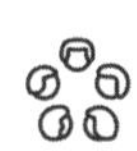 Kreisgespräch

Autoren: Sabine Grünschläger-Brenneke, Micaela Röse
Illustrationen: Liliane Oser, Hamburg

Mein Wunschzettel für die Reli-Reise

1. Schreibe oder male auf deinen Wunschzettel, worüber du im Religionsunterricht etwas erfahren möchtest.
   Du kannst auch Fragen stellen oder dir ein Lieblingslied wünschen.

Autoren: Sabine Grünschläger-Brenneke, Micaela Röse
Illustrationen: Liliane Oser, Hamburg

Gedankenreise zum Schuljahresbeginn

Setze dich bequem und entspannt hin.
Stelle deine Füße fest auf den Boden.
Deine Hände ruhen auf deinen Oberschenkeln.

Ich schlage jetzt die Klangschale an.
Wir hören auf den Ton, bis er ganz verklungen ist.
Wenn du magst, schließe deine Augen.

Nun achte auf deinen Atem.
Atme ein paar Mal bewusst ein und aus.
Versuche, gleichmäßig zu atmen.

Du bist da, in diesem Klassenraum, belebt durch deinen Atem.
Du spürst ihn in deinem Kopf,
wie er in deinen Bauch gelangt,
durch die Beine, bis in deine Füße, die Zehen.

Du spürst deinen Atem in deinen Armen,
den Händen, jedem einzelnen Finger.

Du atmest ruhig ein und aus.

Deine Gedanken kehren noch einmal in das letzte Schuljahr zurück.
Was ist dir gut gelungen? Was ist nicht so gut geglückt?

Du nimmst dir einen Moment Zeit, darüber nachzudenken. *(Ein Moment Stille)*

Nun denken wir an das Neue.
Wir schicken die Gedanken in das kommende Schuljahr.
Worauf freust du dich?
Was möchtest du wissen?

Du kannst diese Gedanken später auf einem Wunschzettel festhalten.

Behalte deine Wünsche für dich in deinen Gedanken.

Atme noch ein paar Mal bewusst tief ein und aus.
Spüre deinem Atem nach.

Und wenn du gleich in diesen Klassenraum zurückkehrst,
dann ist das so, als wenn du aus einem Traum erwachst.
Bewege ganz vorsichtig deine Hände, danach deine Füße.

Du atmest tief ein und aus.
Du reckst und streckst dich.
Du lenkst deine Aufmerksamkeit in diesen Raum.

Du öffnest deine Augen und schaust deine Umgebung in Ruhe an.

Autoren: Sabine Grünschläger-Brenneke, Micaela Röse
Illustrationen: Liliane Oser, Hamburg

Komm mit – unsere Reise geht weiter!

Text und Musik: Sebastian Schade

Autoren: Sabine Grünschläger-Brenneke, Micaela Röse
Text und Musik: Sebastian Schade
Illustrationen: Liliane Oser, Hamburg

Kofferanhänger

1. Schneide einen Kofferanhänger aus.
2. Gestalte ihn für deine Religions-/Portfoliomappe.

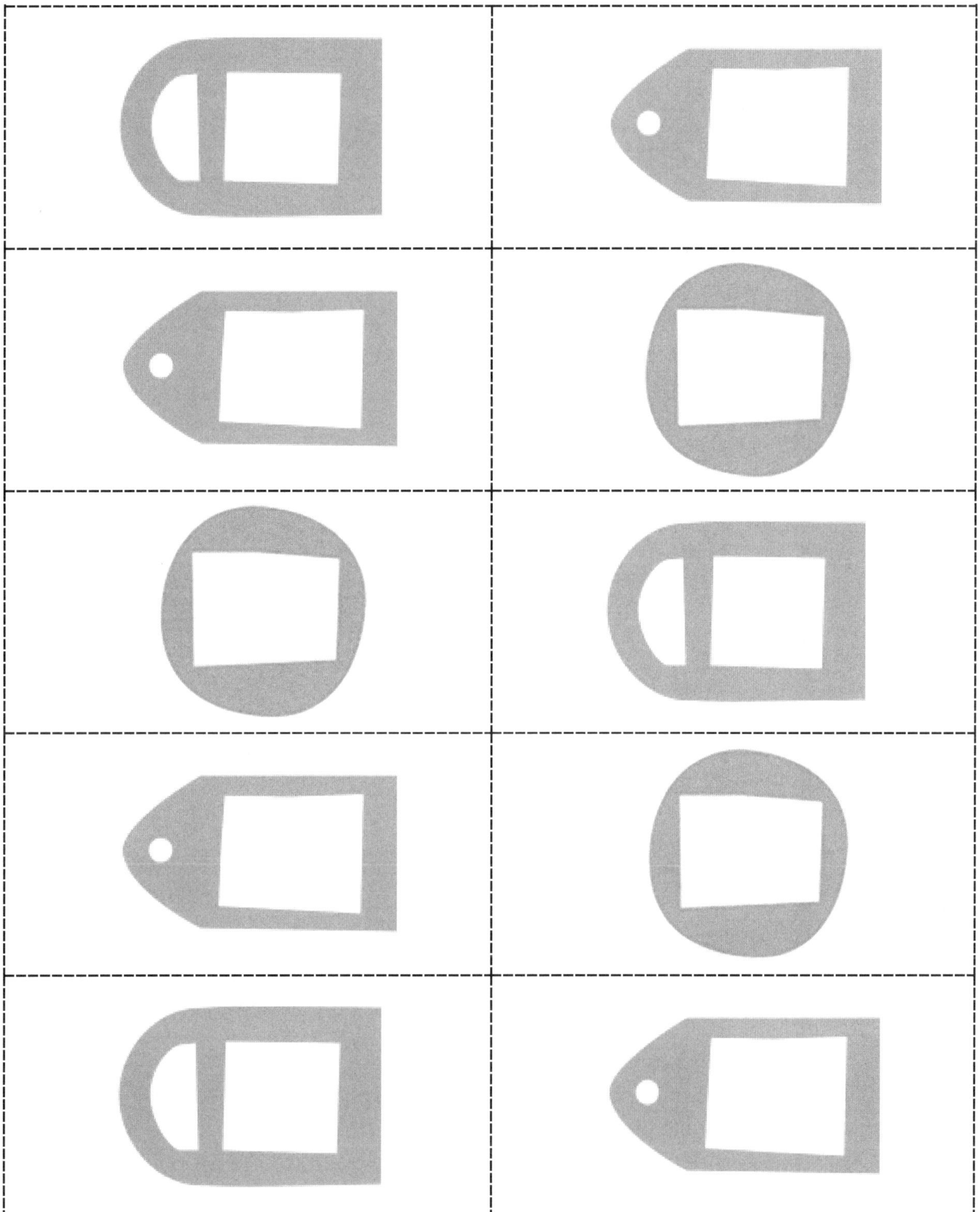

Autoren: Sabine Grünschläger-Brenneke, Micaela Röse

Was tun bei Streit?

Die Albert-Einstein-Schule hat eine Projektwoche zum Thema „Was tun bei Streit?“ durchgeführt. Die Gruppen sind zu unterschiedlichen Ergebnissen gekommen. Diese hängen am Tag der Präsentation im Eingangsbereich der Schule.

1. Beschreibt in Stichworten eine Streitsituation.
2. Führt mithilfe der Tipps auf den Plakaten in Gruppen ein Gespräch, um den Steit zu lösen.
3. Setzt euch in neuen Gruppen zusammen und diskutiert die Ergebnisse.

Autoren: Sabine Grünschläger-Brenneke, Micaela Röse
Illustrationen: Liliane Oser, Hamburg

Name: Klasse: Datum:

Lupe

1. Schneide das Blatt an der Schneidelinie durch.
2. Schneide dann die Lupe aus. Bearbeite damit die Aufgabe 2 im Schülerbuch auf Seite 11.

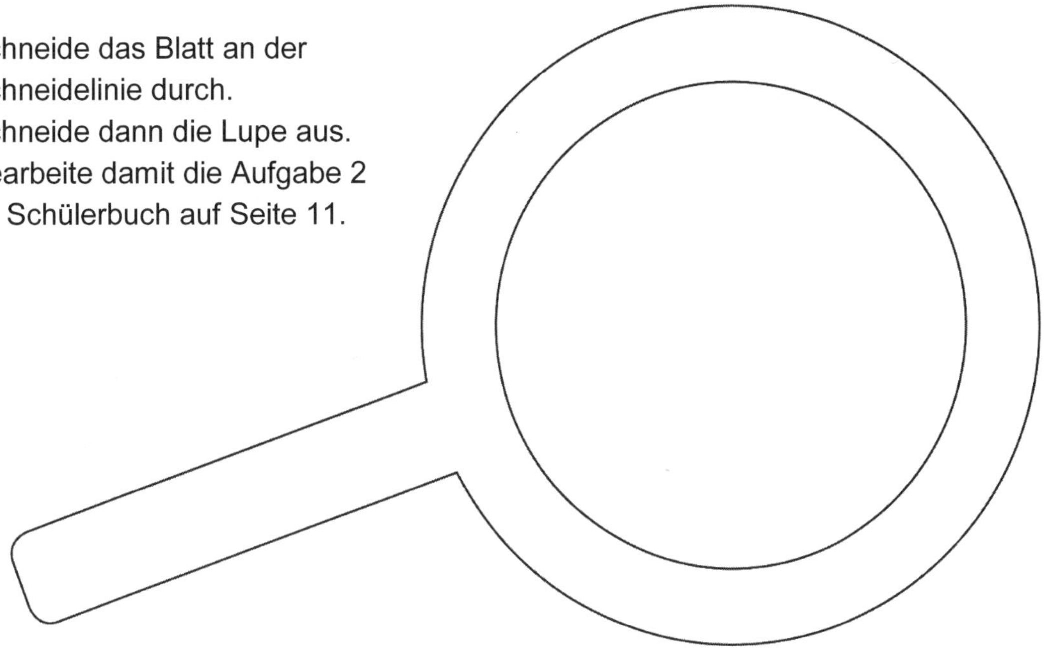

3. Male im Rahmen unten eine Situation, in der deiner Meinung nach das Miteinander gelingt.

Autoren: Sabine Grünschläger-Brenneke, Micaela Röse
Illustrationen: Liliane Oser, Hamburg

Miteinander

1. Betrachte die Bilder. Überlege, was vorher passiert sein könnte und wie es weitergehen soll.
2. Schreibe in die Sprechblasen, was die Kinder deiner Meinung nach sagen.

3. Überlege dir einen Tipp für ein gutes Miteinander auf dem Schulhof. Schreibe oder male ihn auf.

Autoren: Sabine Grünschläger-Brenneke, Micaela Röse
Illustrationen: Liliane Oser, Hamburg

Wenn jeder macht, was er will …

1. Tausche dich mit einer Partnerin oder einem Partner über das Bild aus.
2. Beschreibt gemeinsam eine Situation.
   Beginnt so: Wenn es erlaubt wäre …, dann …

Autoren: Sabine Grünschläger-Brenneke, Micaela Röse
Illustrationen: Liliane Oser, Hamburg

Die Zehn Gebote – Bildkarten

Autoren: Sabine Grünschläger-Brenneke, Micaela Röse
Illustrationen: Liliane Oser, Hamburg

Die Zehn Gebote – Textkarten

Autoren: Sabine Grünschläger-Brenneke, Micaela Röse
Illustrationen: Liliane Oser, Hamburg

Friedenslied

Text: Micaela Röse/Musik: Sebastian Schade

2. Komm, wir wollen spielen,
gemeinsam etwas tun,
was wir haben, teilen,
und nicht länger ruhn.
Denn wir haben alle einen großen Traum,
dass er wächst, der Frieden,
wie ein großer Baum.

3. Komm, wir wollen singen,
es rufen in die Welt,
alle sollen wissen,
was uns trägt und hält.
Denn wir haben alle einen großen Traum,
dass er wächst, der Frieden,
wie ein großer Baum.

1. Singt das Lied und macht Bewegungen dazu.
2. Erzählt euch von dem großen Traum.
3. „Was uns trägt und hält." Beschreibt, was damit gemeint ist.

Autoren: Sabine Grünschläger-Brenneke, Micaela Röse
Text: Micaela Röse, Musik: Sebastian Schade
Illustrationen: Liliane Oser, Hamburg

Friedensbaum

1. Schreibe deine Wünsche und Hoffnungen zum Thema „Frieden“ auf die Zettel an dem Baum.

Autoren: Sabine Grünschläger-Brenneke, Micaela Röse
Illustrationen: Liliane Oser, Hamburg

Briefvorlage

Jesus hat sich mit vielen Menschen über seine Gedanken unterhalten. Auch du hast schon davon gehört, dass er von einigen als Träumer bezeichnet wurde.

1. Schreibe deiner Freundin oder deinem Freund einen Brief, in dem du davon berichtest.

Liebe/r ______________________________

____

____

____

____

____

____

____

____

Autoren: Sabine Grünschläger-Brenneke, Micaela Röse
Illustrationen: Liliane Oser, Hamburg

Rondell: Glück

Das Rondell setzt sich aus 8 Zeilen zusammen.
Jede Zeile besteht aus einem vollständigen Satz.
In der zweiten, vierten und siebten Zeile wiederholt sich immer der gleiche Satz.
Die Überschrift nennt das Thema des Gedichts.

1. Denke dir ein Rondell zum Thema „Glück“ aus.
   Schreibe es in die Zeilen.
   Tipp: Du kannst es ohne Nummerierung auf ein Blatt schreiben und dazu ein passendes Bild malen.

Glück

1. ______________________________
2. Ich bin glücklich.
3. ______________________________
4. Ich bin glücklich.
5. ______________________________
6. ______________________________
7. Ich bin glücklich.
8. ______________________________

Autoren: Sabine Grünschläger-Brenneke, Micaela Röse
Illustrationen: Liliane Oser, Hamburg

Faltanleitung Mini-Book

Schritt 1
Lege ein Blatt Papier in DIN-A4-Format vor dich auf den Tisch.

Schritt 2
Falte das Blatt längs und klappe es dann wieder auf.

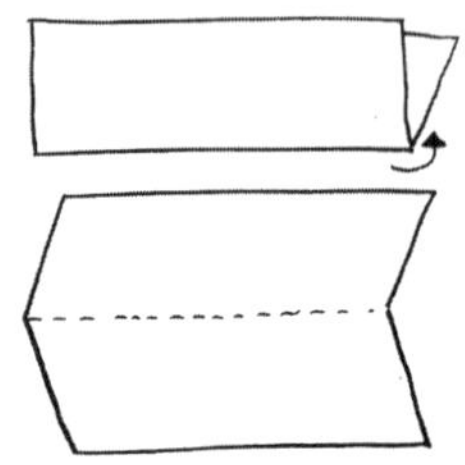

Schritt 3
Falte das Blatt quer und klappe es dann wieder auf.

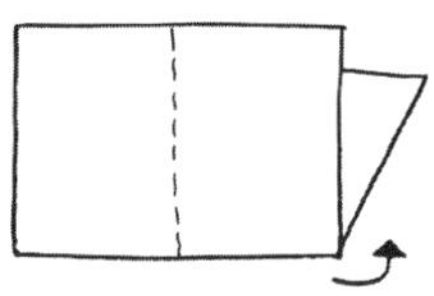

Schritt 4
Falte das Blatt zu einem „Zick-zack-Dach“ und klappe es dann wieder auf, sodass du ein DIN-A5-Format bekommst.

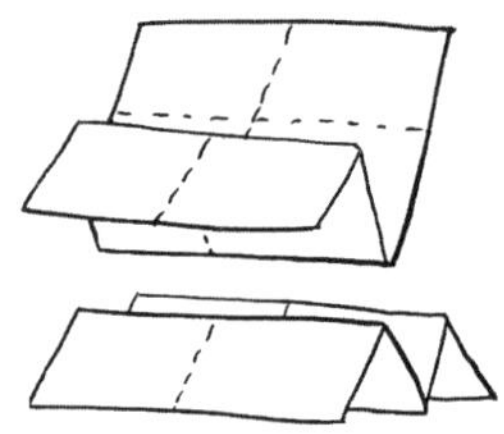

Schritt 5
Schneide das Blatt von der geschlossenen Seite her entlang der Faltlinie bis zur Querfalte auf.

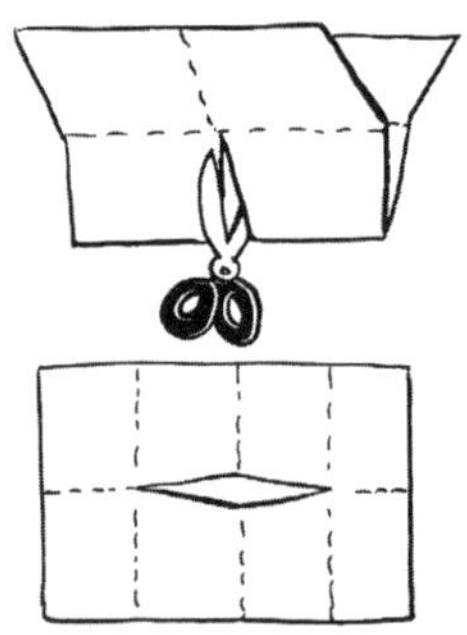

Schritt 6
Falte das Blatt vollständig wieder auf. Falte es dann in der Länge, damit du es anschließend zum Stern falten kannst.

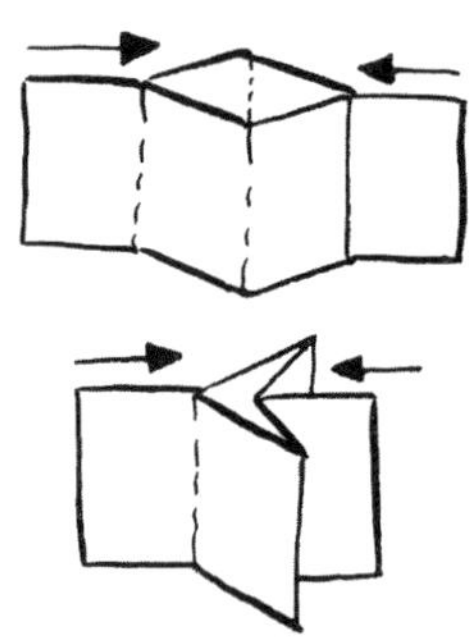

Schritt 7
Zum Schluss kannst du das Blatt zu einem Buch zusammenfalten.

Autoren: Sabine Grünschläger-Brenneke, Micaela Röse
Illustrationen: Liliane Oser, Hamburg

Satzstreifen

1. Schneide die Textstreifen auseinander.
2. Lege sie zu den passenden Bildern im Buch auf Seite 16.
3. Tausche dich mit deinem Partner oder deiner Partnerin über deine Wahl aus.

Ich war hungrig. Ihr gabt mir zu essen.
Ich war durstig. Ihr gabt mir zu trinken.
Ich war fremd. Ihr habt mich bei euch wohnen lassen.
Ich war nackt. Ihr habt mich angezogen.
Ich war krank. Ihr habt euch um mich gekümmert..
Ich war im Gefängnis. Ihr habt mich besucht.
Was ihr für jeden meiner Brüder und Schwestern getan habt, das habt ihr auch für mich getan.

nach Matthäus 25,35–36 und 40

Autoren: Sabine Grünschläger-Brenneke, Micaela Röse

Informationen zum Leben Martin Luther Kings

Martin Luther King wurde am **15. Januar 1929** im Süden der USA, in der Stadt Atlanta, geboren. Als Kind und Jugendlicher erlebte er: Schwarze Menschen werden ungerecht behandelt. Für sie ist vieles verboten, was den weißen Menschen erlaubt ist. Sie haben nicht die gleichen Rechte. Das nennt man Rassentrennung. An diese Ungerechtigkeit konnte sich Martin Luther King nie gewöhnen. Martin wollte sich dagegen wehren.

Seine Leistungen in der Schule waren herausragend. So schloss er schon mit 15 Jahren seine Schulausbildung ab und wurde Pfarrer. Die Geschichten von Jesus waren ihm wichtig.

Martin wollte, dass alle Menschen gleich behandelt werden. Er setzte sich darum für die Rechte der Schwarzen ein. Er tat das ohne Gewalt, aber auch, ohne sich einschüchtern zu lassen. Martin Luther King war ein kluger und besonnener Mensch. Er rief seine Gemeinde immer wieder zur Nächstenliebe auf. Er bat seine Anhänger, keine Gewalt auszuüben. In vielen Städten schlossen sich Schwarze zu gewaltlosen Aktionen zusammen, um auf ihre Rechte aufmerksam zu machen. **1957** hielt Martin Luther King über 200 Reden im ganzen Land.

Am **28. August 1963** sprach er in seiner berühmtesten Rede in Washington über seinen großen Traum vom Frieden: Weiße und Schwarze gehen friedlich Hand in Hand. Viele Menschen träumten mit ihm diesen Traum, Schwarze und Weiße.

1964 gab es neue Gesetze, die die Rechte von Schwarzen verbesserten. Martin Luther King erhielt Unterstützung und Anerkennung. Die größte war der Friedensnobelpreis. Aber er hatte sein ganzes Leben lang auch Gegner.

Am **4. April 1968** wurde Martin Luther King erschossen.

Autoren: Sabine Grünschläger-Brenneke, Micaela Röse
Illustrationen: Liliane Oser, Hamburg

Meine Geschichte von Martin Luther King

1. Schneide die Streifen entlang der fett gedruckten Linien aus.
2. Klebe die Streifen aneinander.
3. Male Bilder und schreibe Wörter oder Sätze, um deine Geschichte zu erzählen.
4. Rolle deine Geschichte auf und stecke sie in eine Filmdose.

	kleben	kleben

Autoren: Sabine Grünschläger-Brenneke, Micaela Röse

I have a dream – Ich habe einen Traum

Martin Luther King sprach auf einer Friedensdemonstration am 28. August 1963 von seinem großen Traum.

Ich habe einen Traum

Martin Luther King träumt davon, dass sich eines Tages das ganze Land erheben wird und gemeinsam das Bekenntnis spricht, dass alle Menschen gleich geschaffen sind: Schwarze und Weiße gehen Hand in Hand.

Er träumt davon, dass eines Tages auf den roten Hügeln von Georgia die Söhne früherer Sklaven und die Söhne früherer Sklavenhalter miteinander an einem Tisch sitzen können. Selbst der Staat Mississippi wird in eine Oase der Freiheit und Gerechtigkeit verwandelt.

Er träumt davon, dass seine vier kleinen Kinder eines Tages in einer Nation leben, in der man sie nicht nach ihrer Hautfarbe, sondern nach ihrem Charakter beurteilt.

Viele Menschen träumen diesen Traum noch heute.

1. Schwärze in dem Text alle Wörter, die du unwichtig findest.
2. Erkläre mit den übrig gebliebenen Wörtern, wofür Martin Luther King sich in seinem Leben eingesetzt hat.

Viele Menschen träumen diesen Traum noch heute.

3. Schreibe deine Meinung zu diesem Satz auf.

____

____

____

____

4. Tauscht euch darüber aus.

Autoren: Sabine Grünschläger-Brenneke, Micaela Röse
Illustrationen: Liliane Oser, Hamburg

Name: Klasse: Datum: KV 41

Meine Gedanken zu Kapitel 1: Zusammen leben

Autoren: Sabine Grünschläger-Brenneke, Micaela Röse

Geschenkschachtel

1. Schneide die Schachtel aus.
2. Knicke alle Faltlinien um.
3. Klebe die Schachtel an den Klebeflächen zusammen.

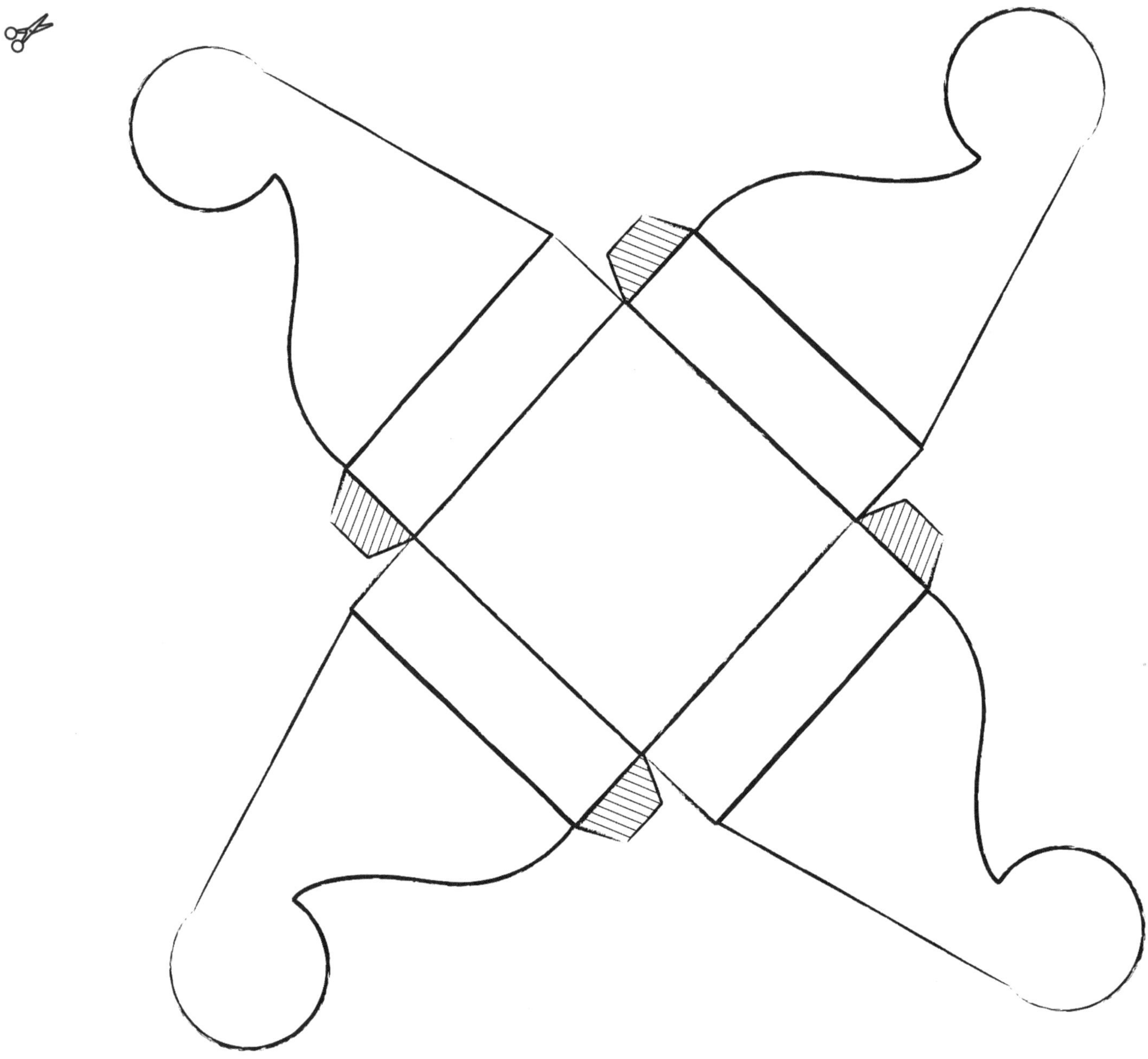

Autoren: Sabine Grünschläger-Brenneke, Micaela Röse
Illustrationen: Liliane Oser, Hamburg

Name: Klasse: Datum:

Kamera

Bastelmaterial:
- 4 Blatt Papier im DIN-A4-Format
- Mal-Utensilien

Bastelanleitung:

1. Falte 4 Blätter so, wie es diese Bilder zeigen:

2. Stecke jeweils 2 gefaltete Blätter so ineinander und falte wie auf den Bildern:

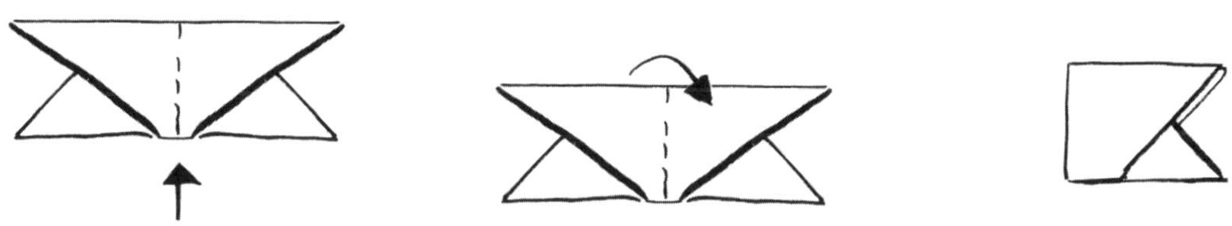

3. Stecke die beiden gebastelten Teile an den Spitzen ineinander.
   Du kannst jetzt den Schlitz in der Mitte auf- und zuziehen.

4. Gestalte deine Kamera farbig.

Autoren: Sabine Grünschläger-Brenneke, Micaela Röse
Illustrationen: Liliane Oser, Hamburg

Bewegungsgeschichte zur Schöpfung

1. Lest euch die Satzstreifen durch.
2. Überlegt euch Bewegungen zum Text.
   Macht euch in der rechten Spalte Notizen dazu.
3. Sprecht den Text mit den passenden Bewegungen vor.

Die Schöpfung (nach 1. Mose 1,1–2,4a)	**Bewegungen zum Text**
Gott schuf den Tag und die Nacht.	
Gott trennte Meer und Land.	
Gott ließ die Erde grünen.	
Gott setzte Sonne, Mond und Sterne an den Himmel.	

Autoren: Sabine Grünschläger-Brenneke, Micaela Röse
Illustrationen: Liliane Oser, Hamburg

Bewegungsgeschichte zur Schöpfung (Fortsetzung)

Die Schöpfung (nach 1. Mose 1,1–2,4a)	**Bewegungen zum Text**
Gott belebte das Wasser mit Fischen.	
Gott belebte die Erde mit großen und kleinen Tieren.	
Gott ließ die Vögel durch die Luft fliegen.	
Gott schuf den Menschen.	
Dann ruhte Gott aus, sah sich alles an und: Siehe, es war sehr gut.	

Autoren: Sabine Grünschläger-Brenneke, Micaela Röse

In Gottes Händen

Die Himmel machen Gottes Herrlichkeit bekannt
und das Himmelsgewölbe meldet die Tat seiner Hände.
nach Psalm 19,2

Wie zahlreich sind deine Werke, Gott!
Du hast sie alle mit Weisheit gemacht.
nach Psalm 104,24

Lobe Gott, meine Seele.
Vergiss nicht, was er für dich getan hat.
nach Psalm 103,2

Gott, du erforschst mich und nimmst mich wahr.
nach Psalm 139,1

Ich danke dir, dass ich so wunderbar gemacht bin.
nach Psalm 139,14

Ich will Gott singen mein Leben lang und ihn loben,
solange ich lebe.
nach Psalm 104,33

1. Suche dir ein Psalmwort aus und schreibe es in die Hände.
2. Wenn du möchtest, kannst du einen eigenen Satz hineinschreiben oder ein passendes Bild malen.

Autoren: Sabine Grünschläger-Brenneke, Micaela Röse
Illustrationen: Liliane Oser, Hamburg

Schöpfung

1. Male in den Rahmen, was dir nach der Bildbetrachtung zum Thema „Schöpfung“ im Buch auf Seite 28 wichtig geworden ist.
2. Schreibe deine Gedanken dazu auf den Rahmen.
3. Du kannst auch ein Foto von dir an die Stelle in das Bild kleben, wo du sein möchtest. Begründe deine Entscheidung.

Autoren: Sabine Grünschläger-Brenneke, Micaela Röse
Illustrationen: Liliane Oser, Hamburg

Was der Atem alles kann

Bewusstes Ein- und Ausatmen

- den Atem hören
- den Atem spüren
- den Atem im Körper „hören“

Ballon aufpumpen

Die Gruppe wird in Paare eingeteilt. Bei den Paaren übernimmt eine Person die Rolle eines Ballons. Die andere spielt den „ Aufblaser“. Das Spiel beginnt damit, dass eine Person einen imaginären Ballon aufbläst. Während sie immer wieder Luft holt, wird der Ballon größer und größer. Die Person, die den Ballon darstellt, vollzieht diese Bewegungen nach: Vor dem ersten Blasen sitzt sie in sich zusammengekauert. Mit jedem Luftzug richtet sie sich auf ...
Sobald der Ballon fertig aufgeblasen ist, entweicht die Luft und die Person sinkt wieder in sich zusammen. Anschließend werden die Rollen getauscht.

Augen-Kim

Die Augen folgen Dingen, die langsam durch die Luft schweben, z. B. einer Feder, Watte, einem Chiffontuch.

Pustebilder

Auf ein Blatt Papier wird Farbe oder Tusche gekleckst. Mit einem Trinkhalm wird in die Farbe/Tusche gepustet, sodass sie sich auf dem Blatt verteilt. Die entstandenen Pustebilder können noch weiter ausgestaltet werden, auch mit kreativen Schriftbildern passend zum Thema.

Autoren: Sabine Grünschläger-Brenneke, Micaela Röse
Illustrationen: Liliane Oser, Hamburg

Klappenbuch

Bastelmaterial:
- ein Blatt Papier im DIN-A3-Format
- Mal-Utensilien

Bastelanleitung:

1. Falte das Blatt so in 4 Teile und falte es danach gleich wieder auseinander:

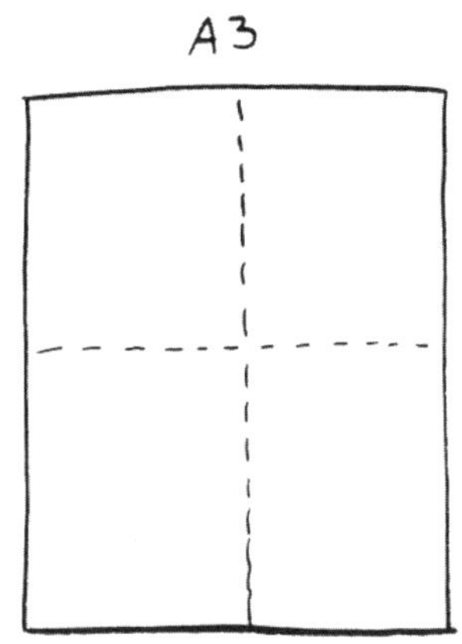

2. Falte das Blatt der Länge nach auf die Hälfte. Schneide dann im oberen Teil der beiden unteren Felder eine Klappe ein:

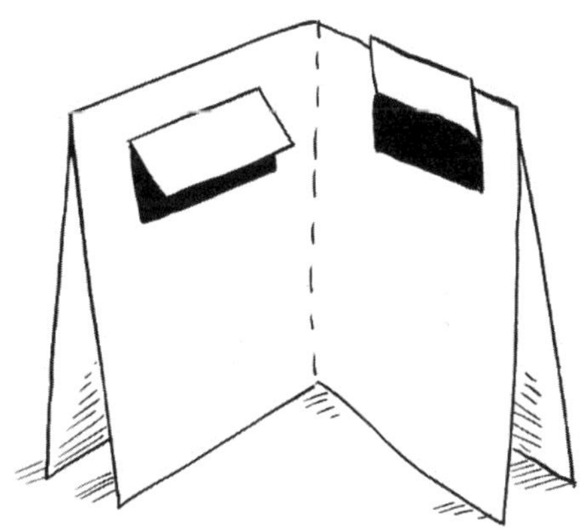

3. Falte das Blatt auseinander. Falte dann die obere Hälfte hinter die untere. Falte es am Schluss zu einer Karte:

Autoren: Sabine Grünschläger-Brenneke, Micaela Röse
Illustrationen: Liliane Oser, Hamburg

Was ich bewahrt oder gerettet haben möchte

Stell dir vor, du solltest entscheiden, was du in eine Arche retten möchtest.

1. Schreibe oder male um die Arche herum, was deiner Meinung nach wichtig ist.
2. Tausche dich mit einer Partnerin oder einem Partner aus.
3. Schreibt oder malt nun drei Dinge in die Arche, die euch am wichtigsten sind.

Autoren: Sabine Grünschläger-Brenneke, Micaela Röse
Illustrationen: Liliane Oser, Hamburg

Streichholzschachtel-Geschichte „Noah“

1. Lies die Geschichte im Buch auf Seite 33.
2. Teile die Geschichte in Abschnitte ein.
3. Schreibe dir Stichwörter auf.
4. Schneide einen Papierstreifen in der Breite der Streichholzschachtel.
5. Falte den Streifen in „Zick-Zack“, bis du genug Felder für deine Geschichte hast. Beachte beim Falten die Größe der Streichholzschachtel. Vielleicht musst du einen zweiten Streifen ankleben.
6. Male zu den Abschnitten Bilder in die einzelnen Felder.
7. Klebe das erste Feld auf dem Boden der Streichholzschachtel fest.
8. Gestalte nun Deckel und Boden der Schachtel.
9. Erzähle die Geschichte zu den Bildern.

Autoren: Sabine Grünschläger-Brenneke, Micaela Röse
Illustrationen: Liliane Oser, Hamburg

Verantwortung für die Schöpfung?

Autoren: Sabine Grünschläger-Brenneke, Micaela Röse
Illustrationen: Liliane Oser, Hamburg

Der Regenbogen

1. Male den Regenbogen in seinen Farben von innen nach außen aus.

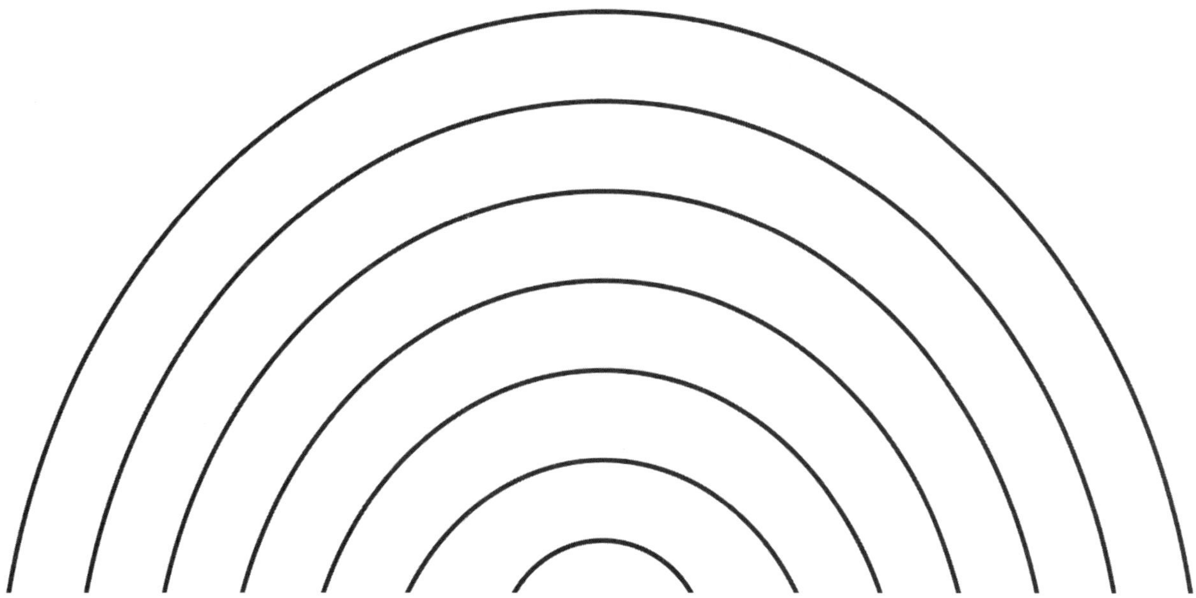

2. Schreibe Gottes Versprechen (1. Mose 8,22) in den Regenbogen.
   Du kannst auch deine eigenen Worte benutzen.

3. Woran erinnern dich die einzelnen Farben des Regenbogens?
   Schreibe es in die Zeilen.

Rot: ______________________________

Orange: ______________________________

Gelb: ______________________________

Grün: ______________________________

Blau: ______________________________

Violett: ______________________________

Autoren: Sabine Grünschläger-Brenneke, Micaela Röse

Fürbitten und Segen

Fürbitten:

Wir haben viel über Gottes Schöpfung erfahren; wie wichtig es ist, dass wir uns gut um sie kümmern. Wir haben in der Geschichte von Noah aber gehört, dass die Menschen oft vergessen, alles gut zu bebauen und zu bewahren.
Wir wissen, dass wir selbst auch oft nicht an Gottes Auftrag denken.

1. Tragt Beispiele dafür zusammen und formuliert Fürbitten daraus.

Beispiel:
Guter Gott, du hast uns die Luft zum Atmen gegeben. Für uns ist sie ganz selbstverständlich. Wir gehen oft sorglos mit ihr um. So verschmutzen wir sie z. B. durch

____. Wir bitten dich,

____.

Segen:

Guter Gott, wir stehen vor dir als Kinder dieser Erde.
Wir wollen alles tun, um sie zu bewahren.
Segne du
den Himmel und die Erde,
das Wasser und das Land,
die Blumen und …

2. Denke dir eigene Beispiele aus.
3. Sprecht den Segen gemeinsam. Denkt euch Bewegungen dazu aus.

Autoren: Sabine Grünschläger-Brenneke, Micaela Röse
Illustrationen: Liliane Oser, Hamburg

Meine Gedanken zu Kapitel 2: Schöpfung bewahren

Autoren: Sabine Grünschläger-Brenneke, Micaela Röse

Bildergeschichte: Du kennst mich

Du, Gott, kennst mich.
Du weißt, wenn ich Angst habe.
Du weißt, warum ich mich verstecke
und nicht zugeben kann,
was ich getan habe.

Du, Gott, kennst mich.
Du weißt, was ich denke und fühle.
Du weißt alle Worte, die ich sagen will.
Wie in zwei Händen hältst du mich.
Ich bin darin geborgen wie ein Vogel im Nest.

Du, Gott, kennst mich.
Du weißt, dass ich mich manchmal
frage, warum es mich gibt.
Keiner beachtet mich.

Du, Gott, kennst mich.
Du weißt, dass ich oft vom großen Leben träume.
Ich wünsche mir, reich oder schön oder
mächtig zu sein.
Alle Menschen sollen mich bewundern
und von mir reden.

Du, Gott, kennst mich.
Du weißt, dass ich mein Leben
manchmal schwierig finde. Es heißt:
Du sollst, du sollst nicht, du darfst, du darfst nicht.
Was soll ich tun?

Autoren: Sabine Grünschläger-Brenneke, Micaela Röse
Illustrationen: Liliane Oser, Hamburg

Bildergeschichte: Du kennst mich (Fortsetzung)

1. Der Psalm auf Kopiervorlage 57/1 wurde von einem Kind geschrieben. Schreibe oder male den Psalm weiter.

Du, Gott, kennst mich.

Autoren: Sabine Grünschläger-Brenneke, Micaela Röse

Name: Klasse: Datum:

Gefühlskarten

aufgeregt

fröhlich

müde

nachdenklich

wütend

sich schämen

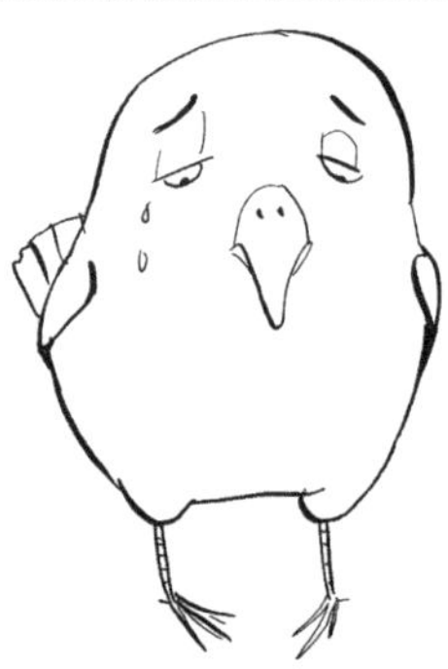
traurig

beleidigt

ängstlich

stolz

neidisch

verliebt

Autoren: Sabine Grünschläger-Brenneke, Micaela Röse
Illustrationen: Liliane Oser, Hamburg

Gefühle pantomimisch darstellen

1. Schaue dir die Bilder genau an.
2. Stelle die dazu passenden Gesichtsausdrücke pantomimisch dar.
3. Tauscht euch in der Klasse darüber aus:
   Welche Gefühle sind einfach, welche schwieriger darzustellen?
   Begründet eure Meinung.
4. Tragt eure Ergebnisse in die Tabelle ein.

Das haben wir festgestellt:

ängstlich 		**müde** 	
stolz 		**traurig** 	
neidisch 		**wütend** 	
verliebt 		**fröhlich** 	

Autoren: Sabine Grünschläger-Brenneke, Micaela Röse
Illustrationen: Liliane Oser, Hamburg

Gefühle-Geschichte

1. Schaue dir die Karten mit den Gefühlsausdrücken genau an.
2. Wähle eine oder mehrere Karte(n) aus und schreibe eine Geschichte dazu.
3. Lies deine Geschichte einem anderen Kind vor. Überlegt gemeinsam, ob du die Gefühle gut beschrieben hast.
4. Gib deiner Geschichte zum Schluss eine passende Überschrift.

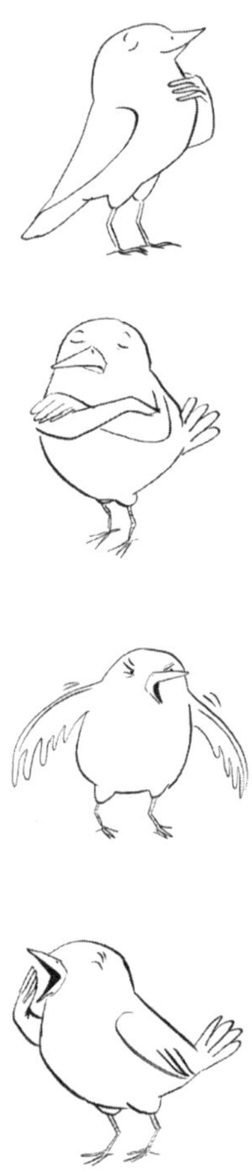

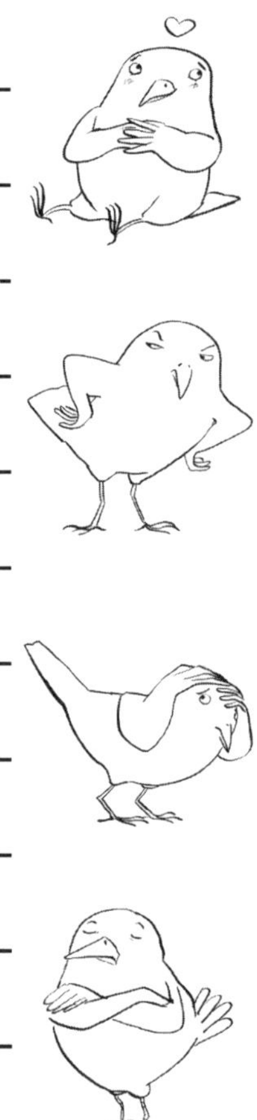

Autoren: Sabine Grünschläger-Brenneke, Micaela Röse
Illustrationen: Liliane Oser, Hamburg

Psalmworte, die trösten

1. Wähle dir ein Psalmwort aus.
2. Schreibe das Psalmwort ab. Lass dabei an wichtigen Stellen eine Lücke.
3. Erweitere nun den Psalm durch deine eigenen Worte.

Beispiel:
Du bist *immer* vor mir und hinter mir und legst *schützend* deine Hand auf mich.

Du bist vor mir
und hinter mir
und legst deine Hand
auf mich.

nach Psalm 139,5

Gott ist mein Hirte.
Mir wird es an nichts fehlen.

nach Psalm 23,1

Auch wenn ich durch die dunkle
Schlucht gehen muss,
fürchte ich nichts Böses,
denn du bist bei mir
und dein Stab und deine Stütze
trösten mich.

nach Psalm 23,4

Du hältst mich an der Hand.

nach Psalm 73,23

In deinen Händen
liegt meine Zeit.

nach Psalm 31,16a

Gott ist das Licht in meinem Leben.
Wovor sollte ich Angst haben?

nach Psalm 27,1

Autoren: Sabine Grünschläger-Brenneke, Micaela Röse

… immer in Gottes Hand

1. Lies den Brief von Paulus aufmerksam durch.

Liebe Brüder und Schwestern in Rom!

Ich schreibe euch, weil ich viel Gutes über euch gehört habe. Und ich muss oft an euch denken, obwohl wir uns noch nie begegnet sind. Ich will mich kurz vorstellen. Ich heiße Paulus, bin seit einigen Jahren Christ und viel im römischen Reich unterwegs, um den Menschen von Jesus zu erzählen.
Ich war in Ephesus, Philippi, Korinth und anderen Städten. Ich habe Gemeinden gegründet, und das war manchmal nicht einfach.

Auf meinen Reisen habe ich Erfolg gehabt, aber auch einige schreckliche Dinge erlebt. Ich gebe zu, dass ich manchmal so verzweifelt war, dass ich dachte: Jetzt ist alles zu Ende.

Durchgehalten habe ich nur, weil ich mich auf Gott verlassen habe. Er ist stärker als alles, was mich bedroht hat. Deshalb kann mich nichts von ihm trennen, keine Menschen und keine Mächte.

Ich würde mich freuen, euch einmal in Rom zu besuchen. Aber jetzt muss ich noch schnell nach Jerusalem. Denkt an mich und betet für mich.

Ich soll euch auch von meinen Mitarbeitern und Freunden grüßen.
Gott schütze euch!

Paulus

2. Tausche dich mit deiner Nachbarin oder deinem Nachbarn aus, was dieser Brieftext mit den Bildern auf Seite 42 im Buch zu tun hat.

Autoren: Sabine Grünschläger-Brenneke, Micaela Röse

… immer in Gottes Hand (Fortsetzung)

3. Schreibe nun einen passenden Satz oder mehrere Sätze zu jedem Bild.

Autoren: Sabine Grünschläger-Brenneke, Micaela Röse
Illustrationen: Liliane Oser, Hamburg

Mein Buch zum Thema „Abschied“

Du hast viele Bücher zum Thema „Abschied, Tod, Trauer und Trost“ kennengelernt.

1. Schreibe auf, welcher Titel dir gut gefallen hat.
   Begründe deine Wahl in einem Satz.

____

____

____

2. Überlege dir einen eigenen Buchtitel zum Thema „Abschied“.
   Gestalte einen Buchdeckel zu deinem Buch.

3. Schreibe einen Text für die Rückseite deines Buches.
   Gib darin eine kurze Auskunft über den Inhalt.

____

____

____

____

____

Autoren: Sabine Grünschläger-Brenneke, Micaela Röse

Wenn man traurig ist, dann …

Felix denkt darüber nach, was Oma Krahwinkel ihm erzählt hat.

1. Schreibe seine Gedanken in die Gedankenblase.

2. Schreibe in die Gedankenblase unten deine Vorstellungen von Leben und Sterben, Abschiednehmen und Tod. Du kannst auch ein Bild malen.

Autoren: Sabine Grünschläger-Brenneke, Micaela Röse
Illustrationen: Liliane Oser, Hamburg

Hoffnungswünsche

Wir alle haben Wünsche und Hoffnungen.

1. Ergänze die Sätze. Du kannst auch mehrere Hoffnungssätze schreiben.

Ich hoffe für mich, dass …

____

____

____

____

Ich hoffe für ____________________________, dass …

____

____

____

____

Ich hoffe für ____________________________, dass …

____

____

____

____

Autoren: Sabine Grünschläger-Brenneke, Micaela Röse
Illustrationen: Liliane Oser, Hamburg

Erinnerungsmandala

Materialien:
- Text „Alles hat seine Zeit“ (siehe Schülerbuch Seite 40)
- schwarzes Tuch
- Kerze (evtl. mit Textaufdruck „Von guten Mächten wunderbar geborgen“)
- Teelichter, Gläser
- Sterne oder Blumen aus Papier oder Filz
- Herzen aus Papier oder Holz (Stein)
- echte Steine oder aus Papier gerissene „Steine“
- Glaskristalle oder Papiertränen
- evtl. Wege- und Brückenbilder

Hinweise:
- Das Mandala wird in mehreren Runden und in aller Ruhe gestaltet.

Ablauf:

Das schwarze Tuch wird ausgebreitet. In die Mitte wird eine entzündete Kerze gestellt.

1. Runde: Wir erinnern uns an Sternstunden. Wir legen Sterne.
2. Runde: Wir erinnern uns an Schwieriges. Wir legen Steine.
3. Runde: Wir denken an das, was wir noch auf dem Herzen haben. Wir legen Herzen.
4. Runde: Wir denken an dich: Wo immer du auch jetzt bist, wir fühlen uns mit dir verbunden. Wir legen Wege- oder Brückenbilder.
5. Runde: Wir denken daran, worüber wir besonders traurig sind. Wir legen Glaskristalle/Papiertränen.
6. Runde: Wir haben einen Trost. Gott ist immer bei uns. Wir zünden das Teelicht an dem Licht in der Mitte an.
7. Runde: Wir hören den Text „Von guten Mächten wunderbar geborgen“ von Dietrich Bonhoeffer (siehe Schülerbuch Seite 47).

Autoren: Sabine Grünschläger-Brenneke, Micaela Röse
Illustrationen: Liliane Oser, Hamburg

Segensblumen

1. Schneide eine Blume aus.
2. Schneide die Blütenblätter an der gestrichelten Linie ein.
3. Schreibe einen Segensspruch mit wasserfestem Stift in die Blütenmitte.
4. Falte die Blütenblätter nach innen.
5. Wenn du die Blüte ins Wasser setzt, entfaltet sich der Segen.

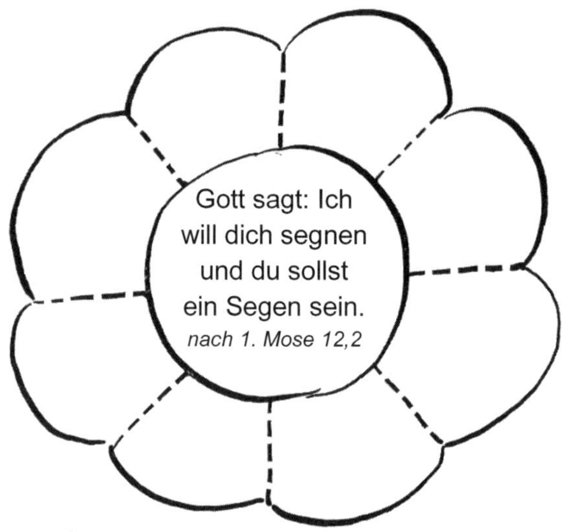

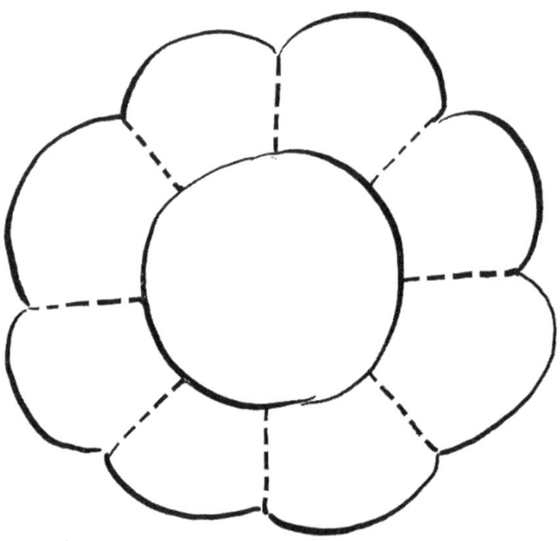

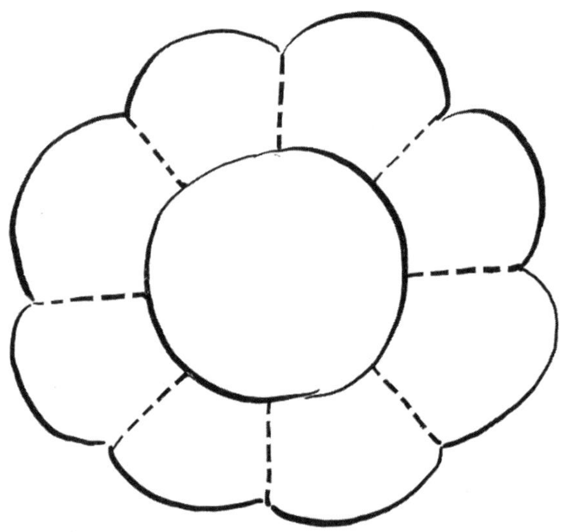

Ich, dein Gott,
bin bei dir,
wohin du
auch gehst!
nach Josua 1,9

Gott ist
mein Hirte,
mir wird es
an nichts fehlen.
nach Psalm 23,1

Gott behüte dich
vor allem Leid,
er behüte
deine Seele.
nach Psalm 121,7

Ich schaffe alles
durch den,
der mich
stark macht.
nach Philipper 4,13

Autoren: Sabine Grünschläger-Brenneke, Micaela Röse
Illustrationen: Liliane Oser, Hamburg

Meine Gedanken zu Kapitel 3: Leben in Gottes Hand

Autoren: Sabine Grünschläger-Brenneke, Micaela Röse

Name: Klasse: Datum:

Wenn Gott eine Farbe wäre

1. Ergänze die Sätze und male dazu.

Wenn Gott eine Farbe wäre,
dann wäre er für mich rot wie die Liebe,
weil Gott uns seine Liebe schenkt.

Wenn Gott eine Farbe wäre,

dann wäre er für mich ______________________________,

weil ____

____.

Wenn Gott eine Farbe wäre,
dann wäre er für mich gelb wie ein Lichtschein,
weil Gott unser Leben hell macht.

Wenn Gott eine Farbe wäre,

dann wäre er für mich ______________________________,

weil ____

____.

Autoren: Sabine Grünschläger-Brenneke, Micaela Röse
Illustrationen: Liliane Oser, Hamburg

In Bildern von Gott sprechen

Menschen sprechen in verschiedenen Bildern von Gott.

1. Suche dir ein Psalmwort aus und schreibe es auf den Rahmen.
   Du kannst auch einzelne Wörter nehmen und sie besonders gestalten.
2. Male zu deinem Psalmwort mit passenden Formen und Farben ein Bild in den Rahmen.

Gott ist das Licht
in meinem Leben.
Wovor sollte ich Angst
haben?

nach Psalm 27,1

Du bist mein Fels
und meine Burg.
Du führst und leitest mich.

nach Psalm 31,4

Gott, du schützt mich
wie ein Schirm, behütest
mich in meiner Angst.

nach Psalm 32,7

… mein Gott, mein Fels,
bei dem ich Schutz finde,
mein Schild und Macht,
meine Rettung und
meine Zuflucht!

nach Psalm 18,3b

Gott ist mein Hirte.
Mir wird es an nichts
fehlen.

nach Psalm 23,1

Die Quelle des Lebens
ist bei dir
und in deinem Licht
sehen wir das Licht.

nach Psalm 36,10

Autoren: Sabine Grünschläger-Brenneke, Micaela Röse
Illustrationen: Liliane Oser, Hamburg

Labyrinth

1. Verfolge mit den Augen oder dem Finger den Weg des Labyrinths.
   Du kannst auch einen Stift benutzen.

Autoren: Sabine Grünschläger-Brenneke, Micaela Röse
Illustrationen: Liliane Oser, Hamburg

Im Labyrinth meditieren

Das Labyrinth ist ein Symbol des Lebens.
Es lädt dich ein, dich auf den Weg zu machen. Am Ende des Weges wartet die Mitte, das Ziel.
Wenn du das Labyrinth betrittst, hast du das Ziel bereits vor Augen. Der Weg dorthin scheint nur kurz zu sein. Doch er führt um die Mitte herum, und dann sogar wieder weiter weg.
Es kommt dir so vor, als sei alles verworren. Du fragst dich, ob du überhaupt noch auf dem richtigen Weg bist und ob es sinnvoll ist, noch weiter zu gehen. Irgendwann langst du vielleicht wieder dort an, wo du aufgebrochen bist.
Du siehst nicht, dass du vorwärts kommst. Du bist weit gegangen und doch bist du fast wieder am Ausgangspunkt.
Doch dann biegt der Weg wieder zur Mitte und auf einmal bist du am Ziel. Du atmest auf.
Auf dem Weg zum Ziel gibt es keine Abkürzung. Alle Wege müssen gegangen, viele Erfahrungen gesammelt werden. Nichts kann ausgelassen und nichts übersprungen werden.
Die einzige Möglichkeit wäre, stehen zu bleiben, den Weg nicht weiter zu gehen. Doch dann käme man nie zum Ziel.

Autoren: Sabine Grünschläger-Brenneke, Micaela Röse
Illustrationen: Liliane Oser, Hamburg

Mose erzählt

Wieder einmal hatte Mose viel erlebt. Sein Kopf war voller Gedanken, als er nach Hause kam. Die Worte sprudelten nur so aus ihm heraus.

1. Welches Erlebnis von Mose könnte gemeint sein? Schreibe deine Vermutung auf.

2. Schreibe in die Sprechblase, was Mose über dieses Erlebnis berichtet.

Autoren: Sabine Grünschläger-Brenneke, Micaela Röse

Bildquellen: Klett-Archiv (Sabine Grünschläger-Brenneke/Micaela Röse), Stuttgart

Mirjams Lied

1. Schaut euch das Bild an und lest den Text darunter. Tauscht euch darüber aus, was das Volk Israel mit Mirjam singt.
2. Schreibt das Lied weiter und erfindet einen Rhythmus mit Instrumenten.
3. Malt die Figuren passend zu ihren Gefühlen an.

Mirjam griff zu ihrer Handtrommel und sang ihnen vor:
„Lasst uns dem Herrn singen, denn er hat eine wunderbare Tat getan."
Und viele aus dem Volk Israel stimmten in Mirjams Gesang ein.

____

____

____

Autoren: Sabine Grünschläger-Brenneke, Micaela Röse
Illustrationen: Liliane Oser, Hamburg

Vorher – Nachher

1. Beschreibt mit Adjektiven die Gefühle der Israeliten auf Bild 1 und auf Bild 2.
2. Macht Bewegungen im Zeitlupentempo. Zeigt darin, wie sich die Stimmung von Bild 1 zu Bild 2 verändert.
3. Schreibt in die Sprech- und Denkblasen, was die Israeliten sagen.

____

____

____

____

____

____

____

____

____

____

____

____

Autoren: Sabine Grünschläger-Brenneke, Micaela Röse
Bildquellen: Klett-Archiv (Sabine Grünschläger-Brenneke/Micaela Röse), Stuttgart

Der Kleine vor dem Großen

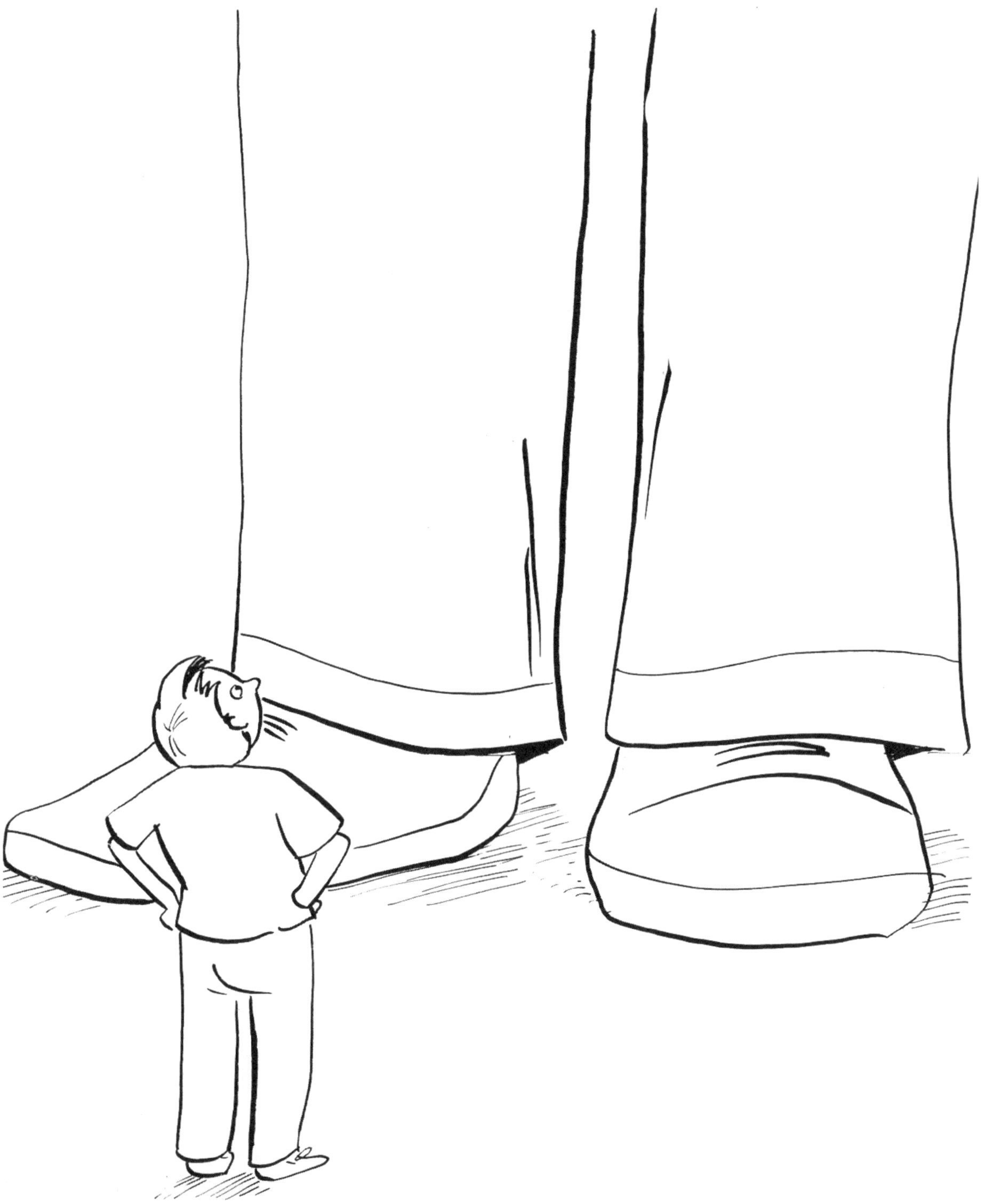

Autoren: Sabine Grünschläger-Brenneke, Micaela Röse
Illustrationen: Liliane Oser, Hamburg

Figuren zur Geschichte von David

1. Schneidet die Figuren grob aus.
2. Klebt sie auf Pappe und schneidet nun an der Schneidelinie aus.
3. Befestigt einen Stab an der Rückseite.
4. Jetzt könnt ihr die Stabfiguren sprechen lassen.

Autoren: Sabine Grünschläger-Brenneke, Micaela Röse
Illustrationen: Liliane Oser, Hamburg

Salbung

Informationen zur Salbung:
In der Bibel wird erzählt, dass David von Samuel zum König gesalbt wird.

Bei der Salbung gießt ein Priester oder Prophet wohlriechendes Öl auf den Kopf des neuen Königs. Dies ist ein Zeichen dafür, dass Gott ihn ausgewählt hat. Durch die Salbung wird er für seine Aufgabe als König mit Gottes Geist und Kraft gestärkt. Gott stellt den Gesalbten unter seinen besonderen Schutz und Segen.

Jesus wird auch „Gesalbter“ genannt, das heißt auf Hebräisch „Messias“ und auf Griechisch „Christus“. Er ist der von Gott Gesalbte.

In der Bibel wird auch davon erzählt, dass kranke Menschen gesalbt werden.

Für die Salbung werden gut riechende, wertvolle Öle verwendet.

Anleitung zur Herstellung von „Salböl“

Material:
ein leeres Glas mit Schraubdeckel, nicht parfümiertes Hautöl (z. B. Weizenkeimöl), Duftöl (z. B. Lavendel, Zitrone, Vanille)

1. Mischt in einem Glas
   - etwa einen Teelöffel Hautöl,
   - einen Tropfen Duftöl.

2. Taucht einen Zeigefinger vorsichtig ein und bestreicht euch sanft die Handinnenfläche.

3. Wenn ihr möchtet, könnt ihr euch gegenseitig die Handinnenflächen mit dem Öl einreiben und dazu sprechen:
   „Gottes Güte sei mit dir!“ oder: „Gottes Segen sei mit dir!“

Autoren: Sabine Grünschläger-Brenneke, Micaela Röse
Illustrationen: Liliane Oser, Hamburg

Davids Versprechen

In Psalm 101 wird davon erzählt, dass David bei seiner Krönung die Harfe nimmt und davon singt, wie er herrschen will:

Ich singe von Gnade und Recht
und lobe dich, mein Gott.
Ich handle bedacht und ehrlich,
sodass du mir nahe sein willst.

Diejenigen,
die Unrechtes tun und böse sind,
dürfen nicht bei mir bleiben.
Den, der Lügen verbreitet,
werde ich zum Schweigen bringen.
Ich verachte den,
der sich stolz und eitel verhält.

Ich sehe mich nach den Menschen um,
die die Wahrheit sagen und mir treu sind.
Sie sollen bei mir wohnen.

1. Lest den Text. Klärt gemeinsam, was die Zeilen bedeuten.
2. Unterstreiche die für dich wichtigen Wörter im Text.
3. Schwärze nun den übrigen Text. Übermale ihn also mit einem dicken schwarzen Stift.
4. Formuliere ein Versprechen, das David seinem Volk geben will.

____

____

____

____

____

____

Autoren: Sabine Grünschläger-Brenneke, Micaela Röse
Illustrationen: Walter Uihlein, Lübeck

Sinnengedicht: ANGST – MUT

1. Schreibe ein Sinnengedicht.
2. Lies dein Ergebnis einer Partnerin oder einem Partner vor.
3. Tauscht euch über eure Gedanken aus.

Was mir Angst macht

ANGST fühlt sich an wie ______________________________.

ANGST schmeckt wie ______________________________.

ANGST sieht aus wie ______________________________.

ANGST riecht wie ______________________________.

ANGST hört sich an wie ______________________________.

Was mir Mut gibt

MUT fühlt sich an wie ______________________________.

MUT schmeckt wie ______________________________.

MUT sieht aus wie ______________________________.

MUT riecht wie ______________________________.

MUT hört sich an wie ______________________________.

Autoren: Sabine Grünschläger-Brenneke, Micaela Röse
Illustrationen: Liliane Oser, Hamburg

Jona

In der Geschichte von Jona wird von Situationen erzählt,
die jeder Mensch erleben kann.

1. Schneide die Satzstreifen aus.
2. Ordne sie den Bildern auf der nächsten Seite zu.
   Es gibt mehrere Möglichkeiten. Wähle eine aus.
3. Klebe die Satzstreifen auf.
4. Tausche dich mit einer Partnerin oder einem Partner aus.

Ich fühle mich hilflos ausgeliefert.	Ich kann mich nicht wehren.
Ich lasse alles stehen und liegen.	Ich laufe vor einer Aufgabe davon.
Ich wehre mich gegen den Auftrag.	Ich habe Angst.
Ich fühle mich bedroht.	Ich bin noch einmal davongekommen.
Ich fühle mich wie neu geboren.	Ich lasse mir etwas sagen.
Ich wende mich Gott zu.	Ich warte auf etwas.
Ich bin fröhlich.	Ich gebe anderen die Schuld.
Ich bin niedergeschlagen.	Ich bin am Boden zerstört.

Autoren: Sabine Grünschläger-Brenneke, Micaela Röse

Jona (Fortsetzung)

kleben	kleben

kleben	kleben

kleben	kleben

kleben	kleben

Autoren: Sabine Grünschläger-Brenneke, Micaela Röse
Illustrationen: Liliane Oser, Hamburg

Das Gleichnis vom verlorenen Sohn

1. Schaue dir die Bilder in Ruhe an.

2. Suche dir eine Person aus. Setze oder stelle dich genauso, wie die Person auf dem Bild es tut. Sprich aus, was diese Person denkt, fühlt und sagt.

   „Ich bin auf dem Bild …"
   „Ich fühle/Ich denke …"
   „Ich hoffe …"
   „Ich bitte/Ich danke …"

3. Male einen farbigen Weg, der deine Gefühle ausdrückt, wenn du das Gleichnis vom verlorenen Sohn liest oder hörst. Begründe deine Auswahl.

4. Du kannst auch einen Weg mit farbigen Tüchern im Klassenraum legen.

Autoren: Sabine Grünschläger-Brenneke, Micaela Röse
Illustrationen: Liliane Oser, Hamburg

Meine Gedanken zu Kapitel 4: Erfahrungen mit Gott

Autoren: Sabine Grünschläger-Brenneke, Micaela Röse

Ist Gott überall?

1. Schneide die Textkärtchen aus. Klebe sie in die für dich passenden Spalten der Tabelle ein.
2. In die leeren Felder kannst du eigene Beispiele schreiben.
3. Tauscht euch in einer Gruppe über eure Ergebnisse aus.

Früher habe ich das geglaubt:	Heute glaube ich das:	Dazu kann ich nichts sagen:	Darüber denke ich noch nach:

Gott ist da, wo Menschen friedlich miteinander umgehen.	Gott ist überall auf der ganzen Welt.	Gott ist da, wo Menschen sich gegenseitig helfen.	Gott ist in mir.
Gott wohnt in der Kirche.	Mir genügt, dass ich weiß, dass es Gott gibt.	Gott ist da, wo Menschen Liebe zeigen.	Gott lebt in allem, was lebendig ist.

Autoren: Sabine Grünschläger-Brenneke, Micaela Röse

Schneeballgedicht

1. Lies dir das Schneeballgedicht zum Thema „Freundschaft – Streit“ sorgfältig durch.
2. Markiere die Zeilen, die von Freundschaft und von Streit erzählen. Benutze dazu zwei unterschiedliche Farben.
3. Schreibe zu dem Thema „Hell-Dunkel“ ein eigenes Schneeballgedicht.

Freundschaft

zusammen lachen

allerlei Dinge erleben

viele lustige Späße treiben

gemeinsam durch dick und dünn

doch manchmal auch Streit

böse Worte verletzen

trennende Mauern

Streit

Hell

________ ________

________ ________ ________

________ ________ ________ ________

________ ________ ________ ________ ________

________ ________ ________ ________

________ ________ ________

________ ________

Dunkel

Autoren: Sabine Grünschläger-Brenneke, Micaela Röse

Dunkelheit und Licht

1. Lest euch die Texte in Abschnitten vor.
2. Findet Klänge für den Text. Betont zuerst die Wörter, die euch bei der Verklanglichung wichtig sind. Markiert sie.
3. Wählt für euch passende Instrumente aus. Malt oder schreibt sie neben die Abschnitte.
4. Präsentiert die vertonten Texte.

Das Volk, das im Finstern wandert (nach Jesaja 9,1–6)

Das Volk, das im Finstern wandert …	
sieht ein großes Licht,	
über denen, die im dunklen Land wohnen,	
scheint es hell.	
Ein Kind ist uns geboren,	
ein Sohn ist uns geschenkt.	

Autoren: Sabine Grünschläger-Brenneke, Micaela Röse

Dunkelheit und Licht (Fortsetzung)

Er heißt Wunder-Rat, Gott-Held, Ewig-Vater, Friede-Fürst.	
Sein Königreich wird groß und des Friedens kein Ende sein.	
Recht und Gerechtigkeit stärken und stützen es.	

Mache dich auf, werde licht (nach Jesaja 60,1–2)

Mache dich auf und werde licht; denn dein Licht kommt.	
Finsternis bedeckt die Erde und Dunkelheit die Völker.	
Aber über dir ist Licht, das Licht dessen, der kommt.	

Autoren: Sabine Grünschläger-Brenneke, Micaela Röse

Das macht uns froh!

1. Verschiedene Menschen sind glücklich über Jesu Geburt.
   Male sie an die Enden der Strahlen.
2. Schreibe oder male in Sprechblasen, was die Personen sagen oder denken.

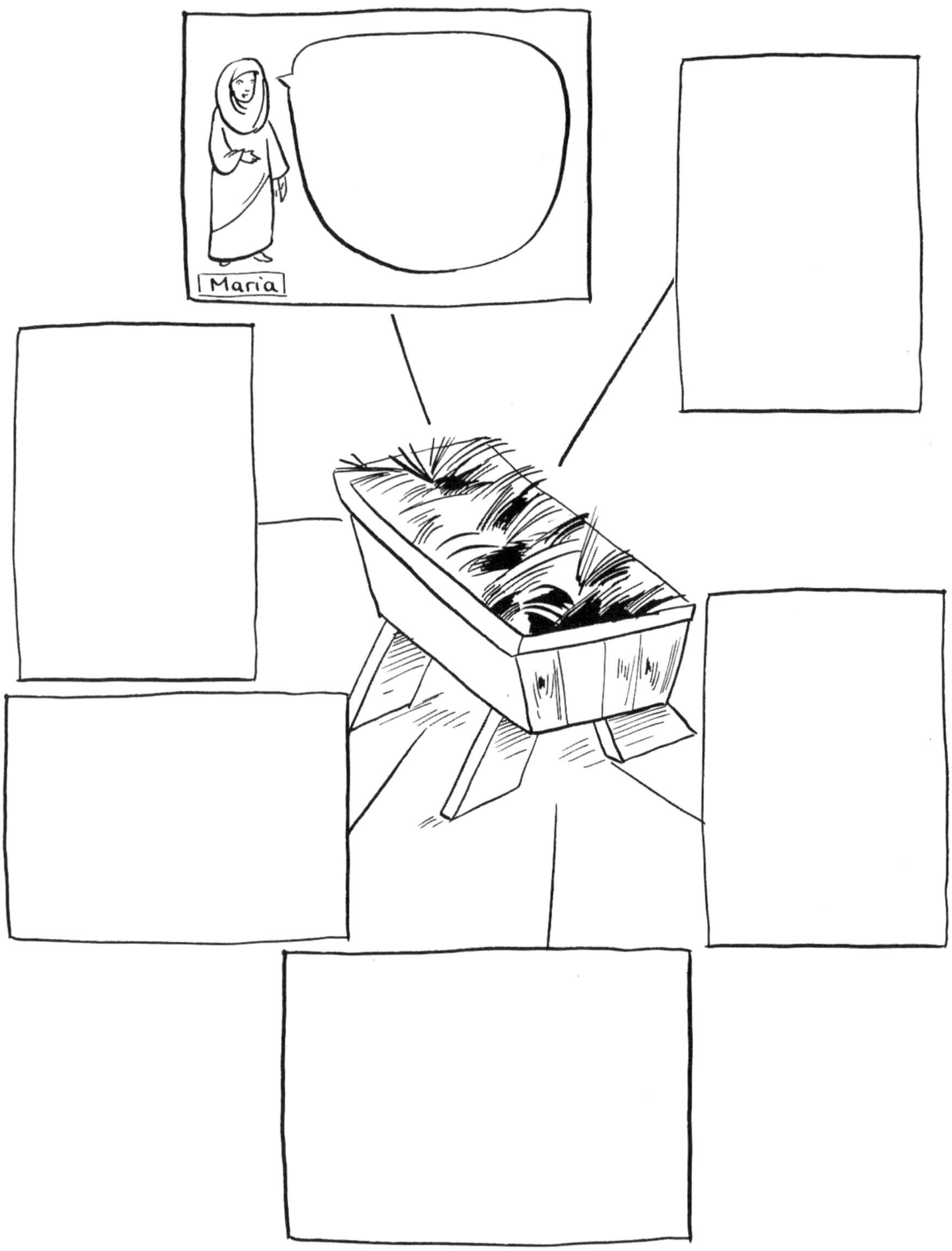

Autoren: Sabine Grünschläger-Brenneke, Micaela Röse
Illustrationen: Liliane Oser, Hamburg

Ein Licht steckt uns an

1. Vervollständige den Satz.

Jesus sagt: Ich bin das Licht der Welt. Wer mir nachfolgt, der …

____

____

____

2. Lies die Sätze. Male passende Bilder in die Rahmen.
3. Vervollständige den letzten Satz und male ein passendes Bild dazu.

Ich kann Licht in die Dunkelheit bringen.

Ich kann Hoffnung geben.

Ich kann Gemeinschaft leben.

Ich kann ____________________ .

Autoren: Sabine Grünschläger-Brenneke, Micaela Röse

Jesus ist Jude

Jesus wird als Jude geboren.
Seine Mutter Maria ist Jüdin.

Maria und Josef gehen mit Jesus zum Tempel in Jerusalem. Es ist üblich, den erstgeborenen Jungen Gott vorzustellen.

Jesus feiert mit seiner Familie Sukkot, das Laubhüttenfest.
An diesem Fest erinnert man sich an das Einsammeln der Ernte und daran, dass die Israeliten beim Auszug aus Ägypten keine richtige Wohnung hatten.

Jesus liest im Unterricht in der Synagoge aus der Tora.

1. Betrachte die Bilder und lies die Texte.
2. Tauscht euch darüber aus, was ihr über Jesus erfahrt.
3. Gestaltet einen Lebensweg mit den Jesus-Geschichten, die ihr kennt.

Autoren: Sabine Grünschläger-Brenneke, Micaela Röse
Illustrationen: Liliane Oser, Hamburg

Bildergeschichte: Die Sturmstillung

1. Schaue dir die Bilder an.
2. Schreibe unter jedes Bild einen oder mehrere Sätze.
   Folgende Begriffe können dir helfen: vertrauen, mutlos, aufgeregt, ängstlich, erschrocken, ruhig, schlafen, wecken, sich wundern, still.
3. Vergleiche deine Geschichte mit der deines Partners/deiner Partnerin.
   Was gefällt dir an seiner/ihrer Geschichte gut? Was fehlt dir?

Autoren: Sabine Grünschläger-Brenneke, Micaela Röse
Illustrationen: Liliane Oser, Hamburg

SMS einer geheilten Frau

1. Schreibe die SMS der Frau an ihre Freunde und Freundinnen weiter. Denke an ihre Gefühle und daran, was ihr bei dem Rollenspiel herausgefunden habt.

Hallo,
ich muss euch etwas Unglaubliches berichten:

Eure ____________________

Autoren: Sabine Grünschläger-Brenneke, Micaela Röse
Bildquellen: Klett-Archiv (Sabine Grünschläger-Brenneke/Micaela Röse), Stuttgart

Hoffnungswünsche

Wir alle haben Wünsche und Hoffnungen.

1. Ergänze die Sätze. Du kannst auch mehrere Hoffnungssätze schreiben.

Ich hoffe für mich, dass …

____

____

____

____

Ich hoffe für ________________________, dass …

____

____

____

____

Ich hoffe für ________________________, dass …

____

____

____

____

Autoren: Sabine Grünschläger-Brenneke, Micaela Röse
Illustrationen: Liliane Oser, Hamburg

Der Traum des Propheten Jesaja

1. Lest die Jesaja-Verse.
2. Schreibt in euer Feld Wörter, die für euch besonders wichtig sind.
3. Begründet eure Wahl.
4. Erzählt eine zu euren Wörtern passende Jesusgeschichte.

Uns ist ein Kind geboren,
ein Sohn ist uns geschenkt.
Er heißt Wunder-Rat, Gott-Held,
Ewig-Vater, Friede-Fürst.
Sein Königreich wird groß und
des Friedens kein Ende sein.
Recht und Gerechtigkeit stärken
und stützen es.

nach Jesaja 9,1–6

Autoren: Sabine Grünschläger-Brenneke, Micaela Röse

Gott auf dem Schulhof?

1. Fasst die Geschichte kurz zusammen.
2. Überlegt, was auf Lauras Bild noch zu sehen sein könnte. Vervollständigt die Geschichte mit euren Ideen.
3. Überlegt auch, wie der letzte Satz weitergehen könnte.
4. Malt ein Wimmelbild und erzählt dazu.
5. Spielt eure Szenen im Rollenspiel nach.

Gott auf dem Schulhof?

Aufgeregt kommt Laura aus der Schule nach Hause. „Das war heute so spannend im Religionsunterricht. Wir haben über Gott gesprochen … und dass man ihn nicht sehen kann – aber doch spüren, und …"
„Langsam, langsam", stoppt sie ihre Mutter. „Erzähl mal von vorn."
„Also, wir haben zuerst über Jesus gesprochen. Wie er von Gott spricht und welche Geschichten er den Menschen erzählt. Dass er sagt: Gottes Reich ist mitten unter euch. Damit konnten wir erst gar nichts anfangen. Aber bei der Gruppenarbeit hatte ich dann eine Idee und habe ein Bild gemalt: Darauf konnte man unseren Schulhof sehen und lauter Szenen, die in der Pause geschehen waren. Als Überschrift habe ich groß oben auf das Blatt geschrieben: Gott ist mitten unter uns! Auf dem Bild waren z. B. zwei Kinder, die sich geholfen haben. Das ist doch wie in der Geschichte, als die Freunde den Gelähmten zu Jesus brachten. Und dann haben zwei ein Pausenbrot geteilt. Das ist wie:

____

____

‚Das ist ein tolles Bild, Laura!', hat unsere Lehrerin zum Schluss gesagt."
„Formuliere noch einmal mit eigenen Worten, was Jesus mit seinem Satz gemeint hat."

Gottes Reich ist dort, wo Menschen:

____

____

____

Autoren: Sabine Grünschläger-Brenneke, Micaela Röse

Zum Gleichnis vom Senfkorn

Ein langer Tag ging zu Ende. Viele Menschen waren zusammengekommen, um Jesus zu sehen. Eine große Menschenmenge hörte aufmerksam zu, als er von Gottes Liebe erzählte.

„Du sollst Gott lieben von ganzem Herzen und deinen Nächsten wie dich selbst!" Das war einer der Lieblingssätze von Jesus. Und die meisten Zuhörerinnen und Zuhörer sahen sehr glücklich aus, wenn sie nach Hause gingen.

Auch die Jüngerinnen und Jünger hörten Jesus immer wieder gern zu. „Jesus kann Menschen verändern", so dachten sie. „Vielleicht ist doch eines Tages Frieden und das Reich Gottes auf der Erde spürbar." Doch dann beobachteten sie, dass die Menschen, die Jesus eben noch zugehört hatten, schon auf dem Rückweg wieder miteinander stritten und sich beschimpften.

(Die Schülerinnen und Schüler können Streitereien ergänzen.)

Die Jüngerinnen und Jünger fragten Jesus: „Meister, ist doch alles umsonst? Was hat es für einen Sinn, wenn du von Gottes Liebe erzählst, die Menschen aber dann doch streiten und sich beschimpfen?" Da antwortete Jesus mit einer Geschichte: …

(Die Lehrkraft erzählt das Gleichnis vom Senfkorn.)

Zum Schluss legte Jesus das Senfkorn in die Erde und deckte es mit Erde zu. „Nun lasst uns morgen schauen, wie aus dem Korn ein Baum geworden ist!" „Morgen? So schnell geht das doch nicht. Das braucht seine Zeit." „Genau", antwortete Jesus. „Das braucht seine Zeit!"

Autoren: Sabine Grünschläger-Brenneke, Micaela Röse
Illustrationen: Liliane Oser, Hamburg

Hoffnung gestalten

Das Gleichnis vom Senfkorn erzählt davon, wie das Reich Gottes auf der Erde wächst.

1. Malt einen Baum auf Tapetenrolle.
2. Sammelt Bilder, Zeitungsausschnitte, Informationen zu Projekten, die das Leben verbessern. Klebt sie an die Äste des Baumes. So wird dieser zum Hoffnungsbaum.
3. Schreibt Hoffnungssätze und klebt auch sie in den Baum. Beispiel: In Gottes Reich werden Traurige getröstet.

Jesus hat durch sein Tun gezeigt, wie das Reich Gottes auf der Erde beginnt. Dann ist es möglich, dass sich Menschen vertrauen, dass Hoffnung auf ein friedliches Miteinander wachsen kann.

4. Schreibe ein Elfchen zu dem Begriff Hoffnung, Frieden oder Vertrauen.

Autoren: Sabine Grünschläger-Brenneke, Micaela Röse
Illustrationen: Liliane Oser, Hamburg

Die Tempelreinigung

1. Beschreibt die Gefühle der Menschen. Notiert euch in der rechten Spalte der Tabelle einige Adjektive dazu.
2. Stellt euch vor, was die Menschen sagen. Schreibt es in die Zeilen der linken Spalte.
3. Wählt eure besten Ideen. Spielt sie als Schattenspiel.

Viele Menschen sind da, als Jesus im Vorhof des Tempels wütend die Tische umstößt. Man kann viele unterschiedliche Meinungen hören.

Das sagen die Menschen:	**Ihre Gefühle:**
Die Jüngerinnen und Jünger wissen, dass Jesus immer ehrlich seine Meinung sagt. Sie meinen: ______	
Die Pharisäer, Priester und Schriftgelehrten waren mit Jesus nicht immer einer Meinung. Sie sagen: ______	
Die Händler hatten eigentlich auf ein gutes Geschäft im Tempelvorhof gehofft. Sie rufen jetzt: ______	
Die Käufer hatten gerade überlegt, welche Waren sie kaufen wollten. Sie denken nun: ______	

In all dem Trubel steht Jesus. Er möchte den Menschen noch sagen:

______

______

______

______

Autoren: Sabine Grünschläger-Brenneke, Micaela Röse

Oster-Haiku

1. Suche in deiner ABC-Liste ein Wort, das dir besonders wichtig ist.
2. Überlege, was dir zu diesem Wort noch einfällt. Schreibe ein Haiku.
3. Lest euch eure Haikus gegenseitig vor.

Ein Haiku ist ein japanisches Gedicht, das sich nicht reimt.
Es besteht aus drei Zeilen mit 17 Silben.
In der ersten Zeile stehen 5 Silben.
In der zweiten Zeile stehen 7 Silben.
In der dritten Zeile stehen wieder 5 Silben.

Beispiel:

K – Kreuz

Dort ste-hen Men-schen
ih-re Her-zen bang und schwer.
Je-sus lebt nicht mehr.

Autoren: Sabine Grünschläger-Brenneke, Micaela Röse
Illustrationen: Liliane Oser, Hamburg

ABC-Liste: Passion und Ostern

1. Schreibe in die ABC-Liste Wörter, die dir zur Passions- und Ostergeschichte einfallen.

A

B

C

D

E

F

G

H

I

J

K

L

M

N

O

P

Q

R

S

T

U

V

W

Z

Autoren: Sabine Grünschläger-Brenneke, Micaela Röse

Informationen für die Gestaltung einer Osterkerze

1. Lies die Informationen über die christlichen Symbole.
2. Wähle die Symbole für deine Osterkerze.
   Begründe deine Auswahl in einem kurzen Text.
3. Finde im Buch auf Seite 86 die Erklärungen zu Alpha und Omega.
   Denke beim Gestalten deiner Kerze auch an die Jahreszahl.

Die Sonne erinnert an Gott. Er ist das Licht des Lebens.

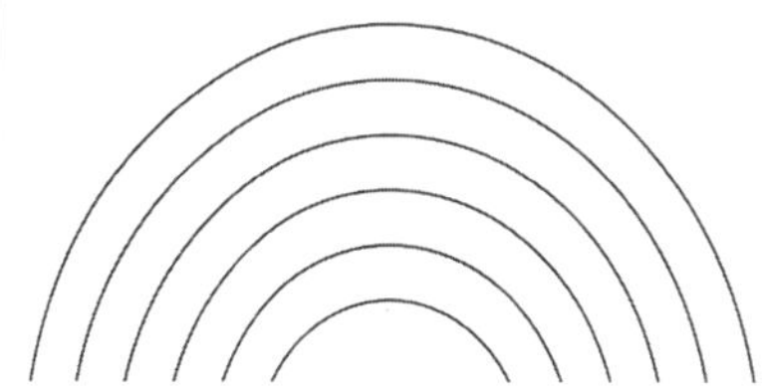

Der Regenbogen erinnert an den Bund zwischen Gott und den Menschen.

Im Christentum ist das Kreuz das zentrale Symbol.

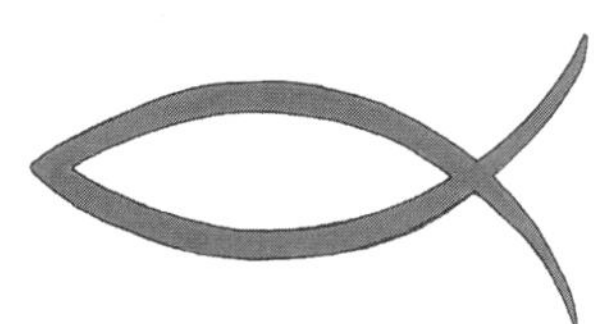

Der Fisch ist ein altes Erkennungszeichen der Christen.

Autoren: Sabine Grünschläger-Brenneke, Micaela Röse
Illustrationen: Liliane Oser, Hamburg

Die Jünger auf dem Weg

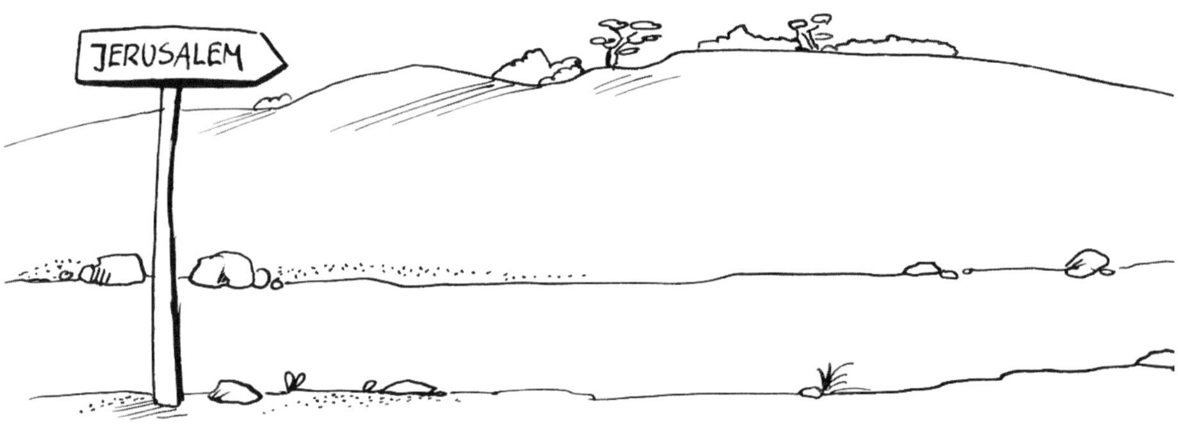

Gebet

Jesus, du bist da, wo wir von dir erzählen.

Du bist da, wo… ____________________

____

____

Danke, Jesus, dass du bei uns bist. Amen

Autoren: Sabine Grünschläger-Brenneke, Micaela Röse
Illustrationen: Liliane Oser, Hamburg

Die Jünger auf dem Weg (Fortsetzung)

1. Gestalte die Figuren so, dass man die Gefühle der Jünger erkennt.
2. Schneide die Figuren aus und klebe sie in die Wegbilder auf KV 118/1.
3. Schreibe auf KV 118/1 ein Gebet, das zu dem Gespräch der Jünger auf dem Rückweg nach Jerusalem passt.

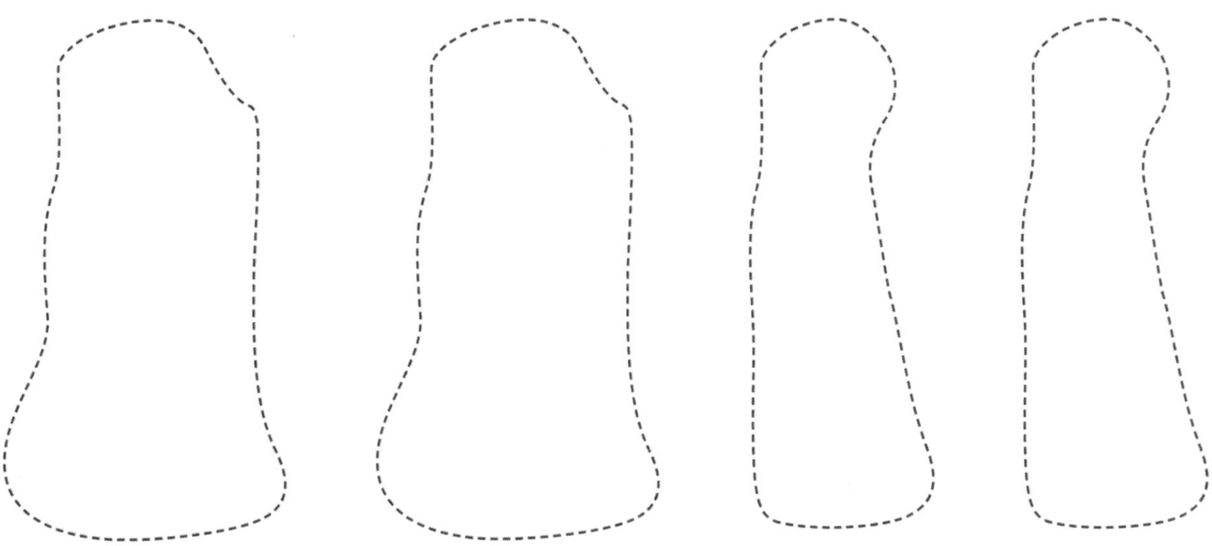

Autoren: Sabine Grünschläger-Brenneke, Micaela Röse
Illustrationen: Liliane Oser, Hamburg

Brief über Jesus

1. Du kennst schon viele Geschichten von Jesus. Überlege, in welcher Geschichte dich Jesus besonders beeindruckt hat.
2. Schreibe die Geschichte als Brief. Schreibe so, als wärst du bei dem Ereignis selbst dabei gewesen. Beachte aber dabei, wie Paulus seine Briefe geschrieben hat:
   - Zuerst nennt er den Absender.
   - Dann nennt er den/die Empfänger.
   - Am Schluss schreibt er einen Gruß.

Ein gutes Beispiel findest du in der Bibel im 1. Korintherbrief 1,1–3.

Autoren: Sabine Grünschläger-Brenneke, Micaela Röse

Meine Gedanken zu Kapitel 5: Geschichten von Jesus

Autoren: Sabine Grünschläger-Brenneke, Micaela Röse

Anleitung für ein Aufklappbuch

einschneiden

einschneiden

falten

Autoren: Sabine Grünschläger-Brenneke, Micaela Röse

Von der Tontafel zur Internet-Bibel

1. Schneidet das Arbeitsblatt an der oberen Schneidelinie durch.
2. Klebt den Teil mit den Bildern auf feste Pappe.
   Tipp: Achtet darauf, dass überall Klebstoff ist.
3. Schneidet die Bilder auseinander. Haltbarer sind die Karten, wenn ihr sie laminiert.

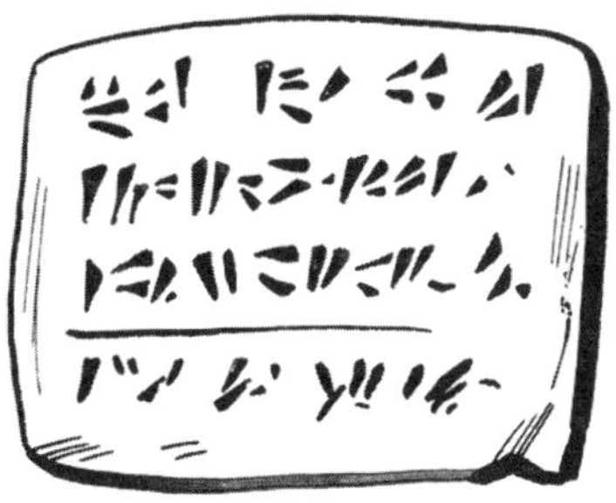

Autoren: Sabine Grünschläger-Brenneke, Micaela Röse
Illustrationen: Liliane Oser, Hamburg

Eine Schriftrolle herstellen

Heute kann fast jeder die Bibel in seiner eigenen Sprache lesen. In frühen Zeiten war das anders. Die ursprüngliche Sprache des Alten Testaments (AT) ist Hebräisch, denn das war die Sprache des Volkes Israel. Die Christen aber schrieben das Neue Testament (NT) in griechischer Sprache auf.

Dieses Material brauchst du für die Herstellung einer Schriftrolle:

- Elefantenhaut oder marmoriertes Papier (ca. 10 x 30 cm)
- brauner oder schwarzer, wasserfester Filzstift
- 2 Rundhölzer (ca. 15 cm lang)
- 4 kleine runde Pappscheiben
- 4 bunte Holzperlen
- Schere, Klebstoff

Arbeite in dieser Reihenfolge:

1. Stelle eine Schriftrolle her.
- Verteile auf dem linken und rechten Rand des Papieres etwas Klebstoff. Dann kannst du die Rundhölzer daran befestigen, indem du sie etwas eindrehst.
- Nun schneide die runden Pappscheiben in der Mitte kreuzförmig ein. Wenn du sie auf die Rundhölzer schiebst, lässt sich das Papier gleichmäßig auf- und abrollen.
- Zum Schluss klebst du die bunten Holzperlen auf die Enden der beiden Rundhölzer.
2. Schreibe einen Psalmvers in schön gestalteter Schrift auf die Rolle.

Autoren: Sabine Grünschläger-Brenneke, Micaela Röse
Illustrationen: Liliane Oser, Hamburg

Tiere und Berufe in der Bibel

1. Finde die Berufe und Tiere in den genannten Bibelstellen.
2. Schreibe ihre Namen auf die Linien. Streiche deine gefundenen Lösungen in der Kontrollzeile durch.
   Achtung: In der Kontrollzeile stehen mehr Begriffe, als du benötigst.

Lukas 5,27 ____________________

Lukas 2,8 ____________________

Markus 1,16 ____________________

Apostelgeschichte 4,5 ____________________

3. Mose 7,5 ____________________

Markus 6,3 ____________________

schriftgelehrtersoldatzimmermannzöllnerpriesterhirtebauerfischer

1. Mose 8,8 ____________________

Psalm 10,9 ____________________

Matthäus 19,24 ____________________

2. Mose 10,13 ____________________

Markus 14,72 ____________________

Matthäus 21,5 ____________________

3. Mose 9,3 und 4 ____________________

Jona 2,1 ____________________

ziegenbockeselhuhnkamelschaftaubelöweheuschreckekalbhahnstier-fischentewidder

Autoren: Sabine Grünschläger-Brenneke, Micaela Röse

Rezept Bibelkuchen

1. Welche Zutaten verbergen sich hinter den Bibelstellen? Löst die Rätsel und tragt die Zutaten ein.
2. Kontrolliert eure Ergebnisse.
3. Wenn ihr möchtet, könnt ihr den Kuchen backen.

Zutaten:

250 g	Psalm 55,22a	______
5 Stück	Jeremia 17,11	______
1 Glas = 500 g	Richter 14,18	______
4 Tassen = 500 g	1. Könige 5,2	______
½ Tasse	1. Samuel 30,12	______
2 Tassen	Nahum 3,12	______
1 Tasse = 100 g	4. Mose 17,23	______
1 Prise	3. Mose 2,13	______
1 Teelöffel	Hesekiel 27,19	______
½ Tasse	Jesaja 28,9	______
1 Päckchen		Backpulver

Zubereitung:
Die Zutaten verrühren und auf ein Backblech streichen.
Im vorgeheizten Ofen bei 180 Grad 40 Minuten backen.

Das versteckt sich in dem Teig:
Salz, Fett, Eier, Feigen, Rosinen, Wasser, Milch, Honig, Zimt, Mehl, Mandeln, Backpulver

Autoren: Sabine Grünschläger-Brenneke, Micaela Röse
Illustrationen: Liliane Oser, Hamburg

Die Luther-Rose

Die Luther-Rose ist das Familienwappen der Familie Luther.
In ihm ist zusammengefasst, was für Martin Luther wichtig war.

In der Mitte des Wappens sieht man ein schwarzes Kreuz.
Es steht für den Tod von Jesus Christus.
Das Kreuz ist in der Mitte eines roten Herzens abgebildet.
Es ist ein Symbol für die Liebe Gottes.
Die weiße Rose, die das Herz umgibt, ist ein Zeichen des Friedens.
Der Hintergrund ist blau – blau wie der Himmel.
Ein goldener Ring umfasst alles. Er hat weder Anfang noch Ende.
Gold ist die Farbe für Gott, dessen Liebe zu den Menschen unendlich ist.

1. Male das Wappen von Martin Luther in den beschriebenen Farben an.

Autoren: Sabine Grünschläger-Brenneke, Micaela Röse
Illustrationen: Liliane Oser, Hamburg

Meine Gedanken zu Kapitel 6: Die Bibel entdecken

Autoren: Sabine Grünschläger-Brenneke, Micaela Röse

Das sind meine Gedanken

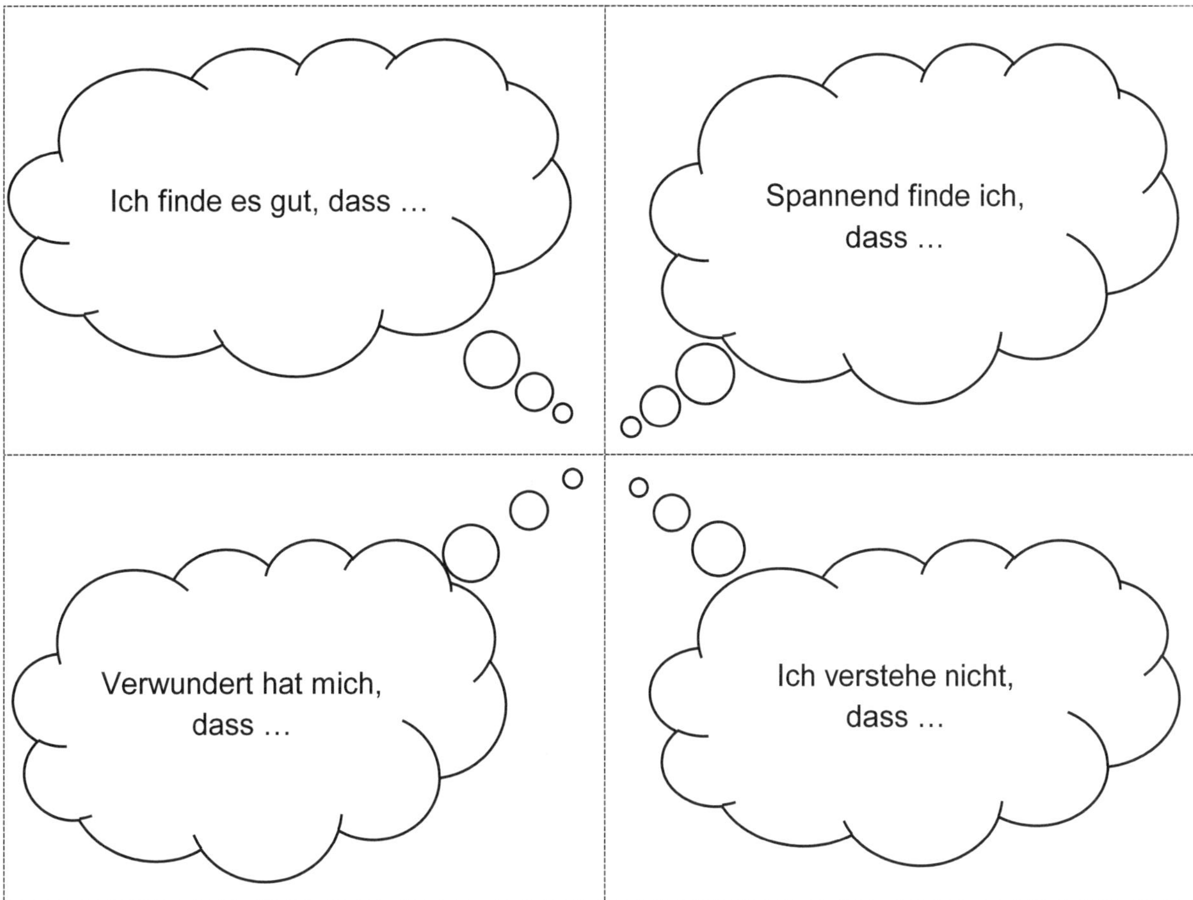

Autoren: Sabine Grünschläger-Brenneke, Micaela Röse

Zeichen der Ökumene

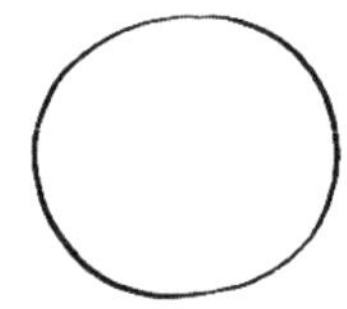

1. Im Zeichen der Ökumene siehst du einen Kreis. Schreibe auf, was er bedeuten könnte.

2. In dem Kreis ist ein Kreuz. Erkläre, was es bedeutet.

3. Das Kreuz steht in einem Schiff, das auf den Wellen treibt. Schreibe in deinen Worten auf, was dieses Zeichen bedeutet.

Autoren: Sabine Grünschläger-Brenneke, Micaela Röse
Illustrationen: Liliane Oser, Hamburg

Wie ein Kreuz

Unser Körper ist wie ein Kreuz. Wir nehmen ihn wahr.
(Nach jeder Phase kurz reflektieren: „Wie fühlt sich das an?“)

1. Wir stellen uns aufrecht hin. Wir ziehen eine unsichtbare Schnur von unten nach oben durch den Körper. Wir gehen die Wirbel in unserem Rücken hoch, bis wir ganz gerade stehen.

2. Wir breiten die Arme ganz langsam aus und ziehen wieder in Gedanken eine unsichtbare Schnur. Dieses Mal von rechts nach links durch unsere Arme.

3. Wir spüren, wo und wie sich Körper und Arme kreuzen. Wir lenken die Empfindungen auf den Kreuzungspunkt.

4. Wir drücken die Empfindungen in einem Bild, Text oder in gestalteten Wörtern aus. *(weitere Anregungen siehe Methodenteil)*

5. Wir hören den Text „Wie ein Kreuz“. *(evtl. mit meditativer Musik)*

Tipp: Die Punkte 4 und 5 können auch getauscht werden.

Körperübung: Wie ein Kreuz
Stelle dich gerade hin und breite deine Arme aus.
So bildet dein Körper ein Kreuz.
Schaue mit deinem Kopf nach oben.
Das sind die beiden wichtigsten Richtungen in deinem Leben:
hin zu Gott und zu den Mitmenschen.
Spüre einmal, ob sich die beiden Linien in deinem Herzen treffen.
Denke an die Geschichten von Jesus.
Er breitete die Arme aus, um viele zu umarmen.
Er streckte seine Hände den Menschen entgegen, um ihnen zu helfen.
Seine Gedanken waren stets nah bei Gott.
Er gab ihm Kraft und Halt für das Leben.
Oft ärgerten sich andere Menschen aber auch über das, was Jesus tat.
Wer sich mit Kopf, Herz und Hand für Gott und die Menschen einsetzt,
der kann Ärger bekommen,
der kann das Kreuz deutlich spüren.
Dann ist es gut, jemanden zu kennen,
der uns immer wieder aufrichtet.

Autoren: Sabine Grünschläger-Brenneke, Micaela Röse

Altar schmücken

Wir wollen den Altar schmücken, um dich zu loben, guter Gott.
Wir bringen das festliche weiße Tuch.
Wir freuen uns an der Kerze und holen damit dein Licht in unsere Mitte.
Blumen erinnern uns daran, wie schön du deine Schöpfung gestaltet hast.
Wir hören Geschichten aus der Bibel. Wir hören auf dein Wort.
Wir kommen zur Ruhe vor dir.
Du lässt uns spüren,
dass du da bist,
dass deine Liebe uns umgibt.
Du schenkst uns dein Wort.
Wir wollen es mit offenen Herzen hören.
Du schenkst uns die Gemeinschaft untereinander.
Wir wollen aufeinander achten.
Du schenkst uns deinen Segen.
Du gibst uns Kraft für unser Leben.

Autoren: Sabine Grünschläger-Brenneke, Micaela Röse
Illustrationen: Liliane Oser, Hamburg

Gemeinde-Mobile

1. Welche Menschen, Gruppen oder Aktivitäten gibt es in deiner Gemeinde? Gestalte jeweils einen Kreis.
2. Du kannst auch ein Mobile aus runden Pappscheiben herstellen.

Autoren: Sabine Grünschläger-Brenneke, Micaela Röse
Illustrationen: Liliane Oser, Hamburg

Ökumenischer Rat

1. Recherchiert weiter zu diesen Fragen:

   - Was tut der ÖRK?
   - Wie viele Mitgliedskirchen hat der ÖRK heute?
   - Ist die römisch-katholische Kirche Mitglied?
   - Wie kann eine Kirche Mitglied werden?
   - Hat der ÖRK jemals eine Kirche ausgeschlossen?
   - Was ist für Menschen in der Ökumene wichtig?
   - Was darf in einem ökumenischen Gottesdienst auf keinen Fall fehlen?

2. Tragt eure Ergebnisse auf Plakaten zusammen.
   Überlegt euch, wie ihr sie gestalten wollt.

Autoren: Sabine Grünschläger-Brenneke, Micaela Röse
Illustrationen: Liliane Oser, Hamburg

Ein besonderes Kreuz

1. Gib diesem Bild einen Namen.
2. Male in das Bild Sprechblasen.
3. Schreibe hinein, was die Menschen darüber sagen, was sie als Christen verbindet.

Autoren: Sabine Grünschläger-Brenneke, Micaela Röse
Illustrationen: Liliane Oser, Hamburg

Meine Gedanken zu Kapitel 7: Christen – in der ganzen Welt

Autoren: Sabine Grünschläger-Brenneke, Micaela Röse

Rap zur Ökumene

1. Schreibt den Rap weiter.
2. Beginnt eure Präsentation mit einem geklatschten Rhythmus.
3. Nehmt den Text in den Rhythmus auf.

Wir sind als Gottes Kinder
verstreut in aller Welt,
der Glaube ist der Faden,
der uns verbindet,
trägt und hält.

Autoren: Sabine Grünschläger-Brenneke, Micaela Röse
Illustrationen: Liliane Oser, Hamburg

Das Kirchenjahr

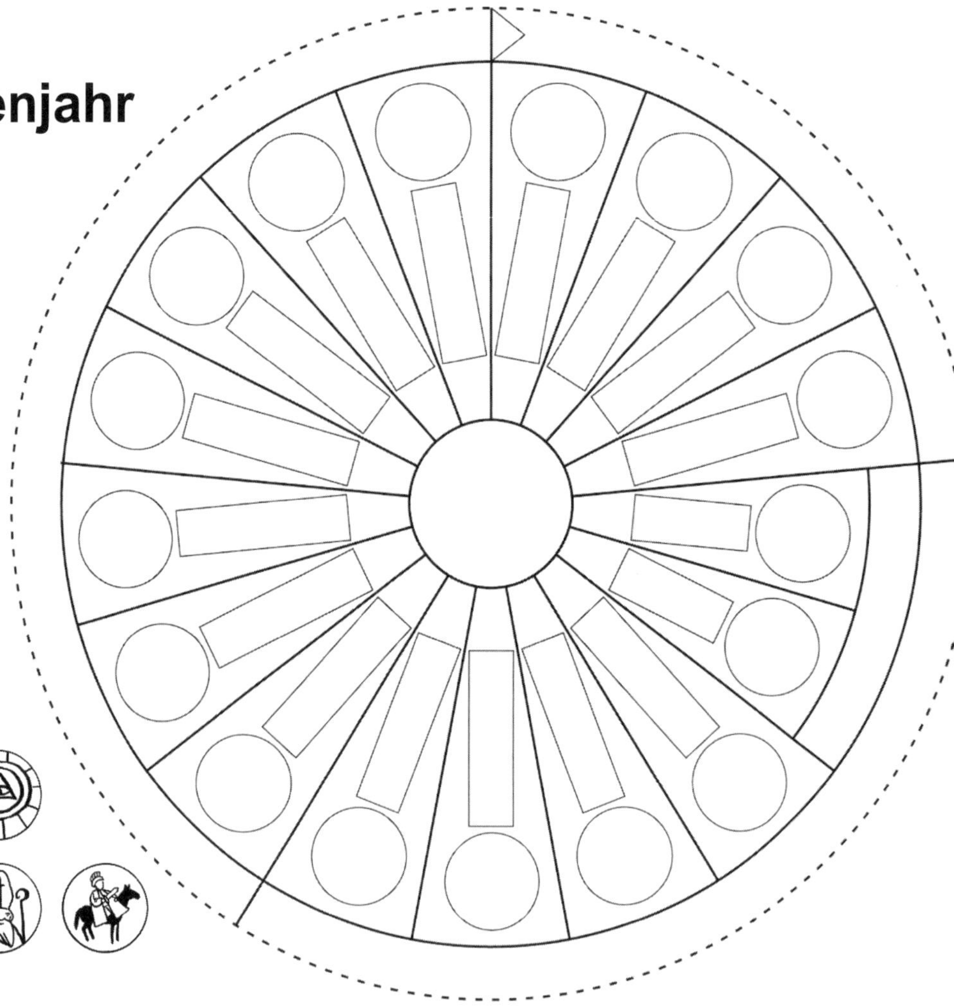

1. Schneide die Namen der Festkreise, Namenskarten und Zeichen aus.
2. Lege sie auf die richtige Stelle im Kirchenjahreskreis.
3. Lasse alles kontrollieren, bevor du die Schilder festklebst.

Ostern	Karfreitag	Weihnachten	Pfingsten	Palmsonntag	Ewigkeitssonntag	Epiphanias, Heilige 3 Könige
Advent	Erntedank	Reformationstag	Trinitatis	Himmelfahrt	Buß- und Bettag	

Autoren: Sabine Grünschläger-Brenneke, Micaela Röse
Illustrationen: Liliane Oser, Hamburg

Gottes Geist befreit zum Leben

Dies ist ein Bild, das von den Jüngerinnen und Jüngern erzählt, über ihre Gefühle nach Ostern. Sie sind traurig, weil Jesus gekreuzigt wurde. Sie kommen sich vor, als seien sie von einer Mauer der Verzweiflung umgeben.

1. Schreibe in das Bild Wörter, die die Gefühle der Jüngerinnen und Jünger beschreiben.
2. Gestalte das Bild mit Farben.

Autoren: Sabine Grünschläger-Brenneke, Micaela Röse
Illustrationen: Liliane Oser, Hamburg

Gottes Geist befreit zum Leben (Fortsetzung)

1. Lies die biblische Geschichte (Apostelgeschichte 2,1–6).
2. Male in den Rahmen, wie sich das Bild von KV 152/1 in der Geschichte verändert. Denke an die passenden Farben.
3. Schreibe auch in dieses Bild Wörter, die die Gefühle der Jüngerinnen und Jünger ausdrücken.

Autoren: Sabine Grünschläger-Brenneke, Micaela Röse

Meine Gedanken zu Kapitel 8: Das Kirchenjahr gestalten

Autoren: Sabine Grünschläger-Brenneke, Micaela Röse

Fragen am Sederabend

Was unterscheidet diese Nacht von allen anderen Nächten?
In allen anderen Nächten können wir Gesäuertes und Ungesäuertes essen, in dieser Nacht nur Ungesäuertes.
Wir mussten eilig aus Ägypten fliehen und hatten keine Zeit, den Teig zu säuern und gehen zu lassen.

Was unterscheidet diese Nacht von allen anderen Nächten?
In allen anderen Nächten essen wir aufrecht sitzend. Warum lehnen wir uns in dieser Nacht alle an?
In Ägypten waren wir Knechte, aber der EWIGE, unser Gott, führte uns aus der Knechtschaft heraus. Das Anlehnen ist ein Zeichen der Freiheit, in die uns Mose geführt hat. Als Sklaven durften wir uns nicht anlehnen.

Was unterscheidet diese Nacht von allen anderen Nächten?
In allen andern Nächten brauchen wir nicht ein einziges Mal einzutunken. In dieser Nacht tauchen wir die Kräuter zweimal.
Wir tauchen Petersilie in Salzwasser. Petersilie erinnert uns an den beginnenden Frühling. Salzwasser erinnert uns an die Tränen der jüdischen Sklaven.
Wir tauchen Bitterkräuter in Charosset. Charosset erinnert uns an den Lehm der Ziegel, mit dem die jüdischen Sklaven Städte und Paläste für den Pharao bauen mussten.

Was unterscheidet diese Nacht von allen anderen Nächten?
In allen anderen Nächten können wir verschiedene Kräuter essen, in dieser Nacht nur bittere Kräuter.
Die bitteren Kräuter erinnern uns an die Sklaverei in Ägypten.

Autoren: Sabine Grünschläger-Brenneke, Micaela Röse
Illustrationen: Liliane Oser, Hamburg

Speisen auf dem Sederteller

1. Schreibe auf die Linie, wie die Speise auf dem Sederteller heißt.
2. Notiere in Stichworten darunter, was die Bedeutung der Speise ist.

Autoren: Sabine Grünschläger-Brenneke, Micaela Röse
Illustrationen: Liliane Oser, Hamburg

Rezepte

Charosset

Zutaten:
500 g süße Äpfel
60 g gemahlene Mandeln oder Nüsse
1 Teelöffel Zimt
60 g Zucker
60 g Rosinen
2 EL Traubensaft

Zubereitung:
Die Äpfel und Nüsse sehr fein hacken. Die Masse mit allen anderen Zutaten mischen und verrühren. Wenn nötig, noch etwas Saft, Zucker oder Zimt zufügen. Charosset sieht aus wie der Lehm, aus dem die Sklaven in Ägypten Ziegelsteine herstellen mussten.

Baklava

Zutaten:
350 g gemahlene Pistazien
150 g Puderzucker
1 Esslöffel Kardamom
150 g geschmolzene Butter
18 Blätter Blätterteig oder Filo-Teig
(gibt es in türkischen
Lebensmittelgeschäften)

Zutaten für den Sirup:
450 g Zucker
300 ml Wasser
30 ml Rosenwasser (wer mag)

Zubereitung:
Pistazien, Puderzucker und Kardamom miteinander vermischen. Den Boden einer gefetteten, rechteckigen Backform mit Teigblättern auslegen und mit der geschmolzenen Butter bestreichen. Darauf einen Teil der Pistazienmasse verteilen. Das Ganze mit einer Teigplatte abdecken und wieder mit geschmolzener Butter bestreichen usw. Die obere Teigplatte so einschneiden, dass Rauten entstehen. Die Baklavas werden 20 Minuten bei 180–200 Grad gebacken. Dann bleiben sie noch ca. 15 Minuten im Backofen. Sie sollten goldbraun sein. Für den Sirup Wasser und Zucker in einem Topf zum Kochen bringen und 10 Minuten köcheln lassen. Zum Schluss wird ein Teil des Sirups über die Baklavas gegossen. Der Rest des Sirups wird zum Kuchen gestellt.

Autoren: Sabine Grünschläger-Brenneke, Micaela Röse
Illustrationen: Liliane Oser, Hamburg

Das Abrahamhaus

Habt ihr schon davon gehört? Seit einigen Jahren wird in Marl dieses Projekt durchgeführt. Es ist spannend, was man in der Zeitung darüber lesen kann:

Noch ein letzter Pinselstrich, dann ist sie fertig, die Blechdose. Ein Schüler hat sie mit goldener Farbe bemalt. Es sind besondere Dosen, die die Schülerinnen und Schüler an diesem Vormittag im Europäischen Friedenshaus gestalten, das zum zweiten Mal nach Oktober 2012 zum „Abrahamhaus" umfunktioniert wurde. Die Kinder sitzen im Raum „Judentum". Auch das Christentum und der Islam haben im „Abrahamhaus", dem dreitägigen Projekt, ihren Platz gefunden.
Bevor die Kinder zu Pinsel und Farbe griffen, hörten sie aufmerksam Rivka Hollaender zu. Die Jüdin, die in Freiburg Religionslehrerinnen und Religionslehrer ausbildet, ist angereist, um den Kindern spannende Dinge über die jüdische Religion zu erzählen – zum Beispiel über die Geruchsdose, mit der Juden ihr Essen am Schabbat beenden: „Jeder riecht an der mit Gewürzen gefüllten Dose und alle hoffen, dass es in der nächsten Woche auch noch so gut riecht", erzählt Rivka Hollaender den Kindern.
Aufmerksam hören die Kinder auch in den beiden anderen Räumen zu. So erfahren sie zum Beispiel, dass bunte Fenster in der Kirche und das Licht für Christen eine besondere Bedeutung haben und welche Bedeutung für Muslime der Gebetsteppich hat, den die Kinder im Raum „Islam" mit großem Eifer selbst weben. …
Vielleicht seid ihr ja neugierig geworden und führt solch ein Projekt auch an eurer Schule durch. So kann eure Schule zu einem Abrahamhaus werden.

1. Bereitet Klassenräume für die drei Religionen „Judentum", „Christentum" und „Islam" vor, indem ihr die erarbeiteten Informationen präsentiert.
2. Überlegt euch Aktionen, die ihr mit euren Mitschülerinnen und Mitschülern durchführen könnt.

Autoren: Sabine Grünschläger-Brenneke, Micaela Röse
Illustrationen: Liliane Oser, Hamburg

Engel der Kulturen

1. Informiere dich über das Projekt „Engel der Kulturen“.
   Gestalte in dem Umrissbild deinen eigenen Engel.
2. Formuliere einige Fragen an die Künstler. Tausche dich mit deinen Mitschülerinnen und Mitschülern darüber aus.

Autoren: Sabine Grünschläger-Brenneke, Micaela Röse
Illustrationen: Liliane Oser, Hamburg

Meine Gedanken zu Kapitel 9: Anderen Religionen begegnen

Autoren: Sabine Grünschläger-Brenneke, Micaela Röse

Rallye durch die drei Religionen

Einladung

Bei uns leben Menschen aus vielen Religionen miteinander. In den letzten Wochen haben wir uns im Unterricht besonders mit dem Judentum, Christentum und Islam beschäftigt. Dabei sind uns Gemeinsamkeiten und Unterschiede begegnet. Kennt ihr sie auch? Oder habt ihr Lust, sie kennenzulernen?

Dann laden wir euch

am ________________ um ________________ in unseren Klassenraum zu einer

Rallye durch die Religionen ein.

Gleichzeitig könnt ihr euch über die Ergebnisse unserer Recherchen informieren.

Eure Klasse ________________

Autoren: Sabine Grünschläger-Brenneke, Micaela Röse
Illustrationen: Liliane Oser, Hamburg